SELBSTGEMACHT

DAS BUCH

EINWECKEN - BACKEN - EINLEGEN - DÖRREN - EINKOCHEN - BEIZEN

LIEBE SELBERMACHER

– UND SOLCHE, DIE ES WERDEN WOLLEN

Dieses Buch ist für Sie! Es steckt von der ersten bis zur letzten Seite voller großartiger Ideen für Leckerbissen aus eigener Herstellung. Von Apfelringen über Kalbsfond bis Zitronen-Ricotta-Ravioli finden Sie hier alles, was Sie in Ihrer Küche selbstmachen können.

Für die Profis unter Ihnen, die schon mit der Kirschkonfitüre von Oma aufgewachsen sind, haben wir frische Ideen, die Sie bisher noch nicht kannten. Und keine Sorge: Auch diejenigen, die zum ersten Mal einen Nudelteig kneten, machen wir mit diesem Buch zum Selbermacher.

Lassen Sie sich einfach überraschen, wie leicht aus Ihrem Vorratsschrank eine echte Schatzkammer voller süßer Marmeladen, herzhafter Chutneys, salziger Zitronen und würzig eingelegtem Gemüse wird. Oder verwandeln Sie Ihre Küche in eine kleine Joghurt- und Frischkäsefabrik. Oder räuchern Sie eine ganze Forelle, oder zwei – alles ist möglich. Und das Wichtigste: Alles schmeckt unfassbar lecker!

Also dann, worauf warten Sie noch?
Wir wünschen viel Spaß beim Ausprobieren!

INHALT

Mal frisch vom Feld, mal regional gelagert: Hier kommen Richtwerte, zu welchen Zeiten Ihre liebsten Obst- und Gemüsesorten aus heimischem Anbau verfügbar sind.

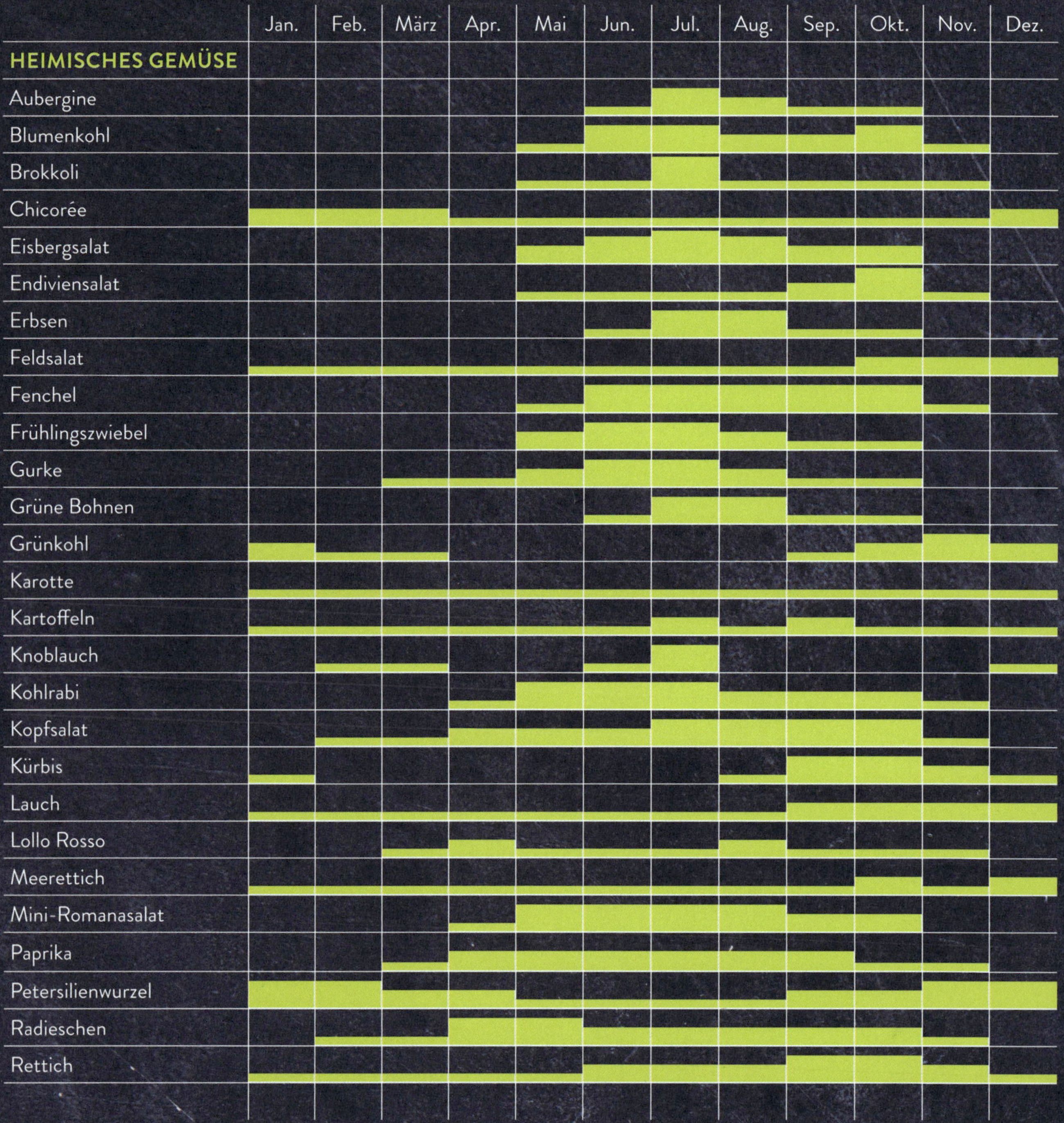

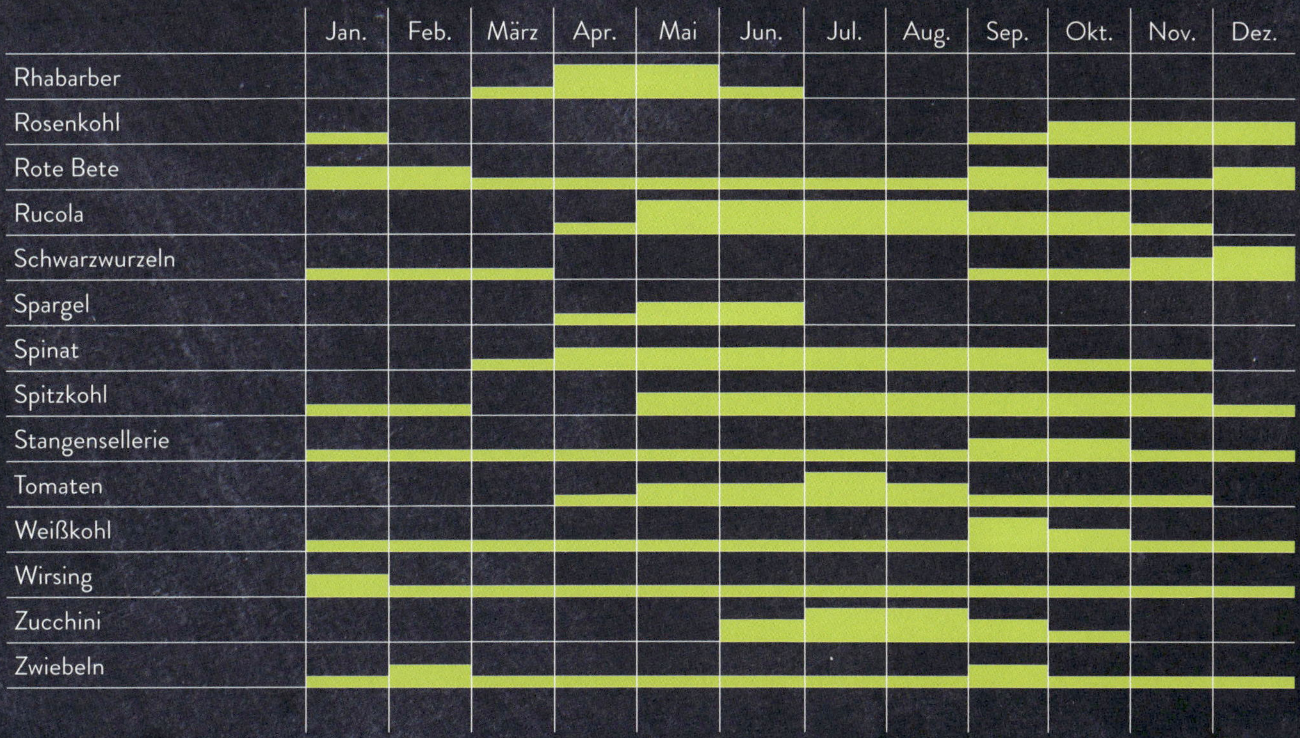
Jan.
Feb.
März
Apr.
Mai
Jun.
Jul.
Aug.
Sep.
Okt.
Nov.
Dez.
Rhabarber
Rosenkohl
Rote Bete
Rucola
Schwarzwurzeln
Spargel
Spinat
Spitzkohl
Stangensellerie
Tomaten
Weißkohl
Wirsing
Zucchini
Zwiebeln

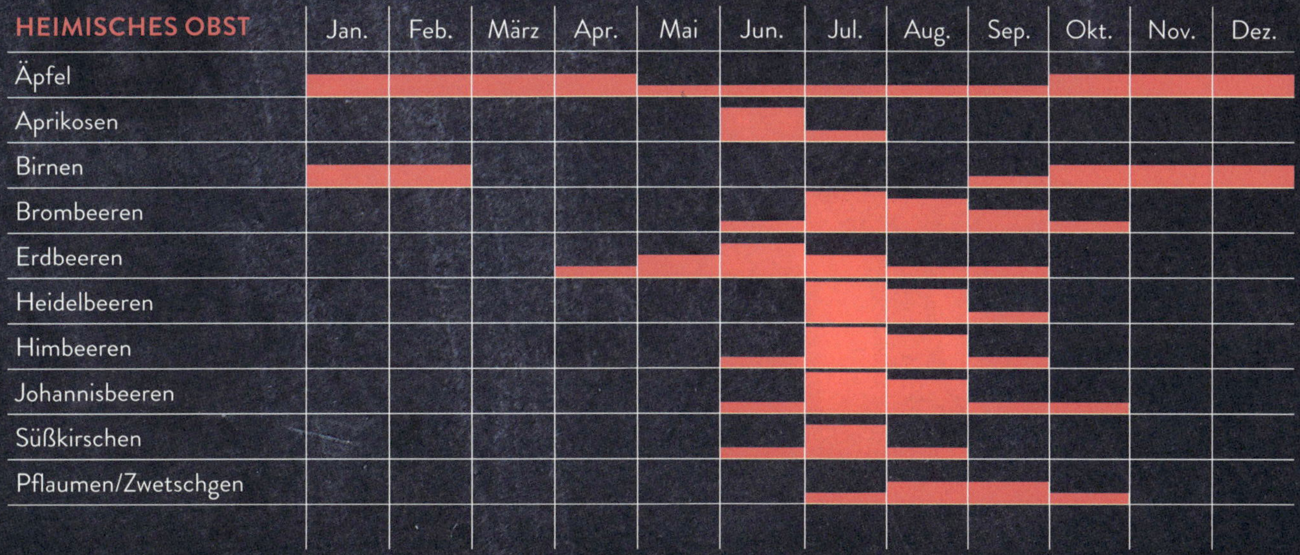
HEIMISCHES OBST
Jan.
Feb.
März
Apr.
Mai
Jun.
Jul.
Aug.
Sep.
Okt.
Nov.
Dez.
Äpfel
Aprikosen
Birnen
Brombeeren
Erdbeeren
Heidelbeeren
Himbeeren
Johannisbeeren
Süßkirschen
Pflaumen/Zwetschgen

EINKOCHEN - DÖRREN - EINLEGEN - KANDIEREN

Früchte

Gehören Sie wie wir zu denjenigen, die am Ende der Saison traurig den letzten heimischen Erdbeeren hinterherwinken oder im dunklen Winter statt Lebkuchen lieber sonnige Aprikosen schnuppern würden? Dann haben wir etwas für Sie: Füllen Sie den fruchtigen Sommer doch einfach in Gläser! Oder überreden Sie ihn mit Zucker oder Salz zum Dableiben. Dafür brauchen Sie auch garantiert keinen magischen „Abrakadabra-Sonne-bleib-da"-Spruch, sondern nur ein bisschen Einkoch-Know-how und Ihr frisches Lieblingsobst für Schwarzwälder Kirschkonfitüre, Lemon Curd & Co.

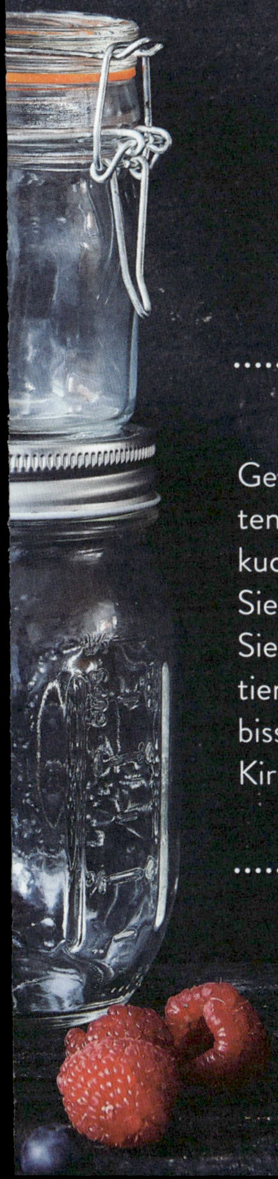

Einkochen

Konfitüren und Marmeladen selbstgemacht

Bei der Namensgebung streiten sich die Geister, beim Geschmack sind sich alle einig: Es gibt nichts Leckereres zum süßen Frühstück als selbstgemachte Marmelade oder Konfitüre. Die herkömmliche Marmelade aus dem Supermarkt darf sich nur so nennen, wenn Zitrusfrüchte im Spiel sind. Hausgemachte Produkte darf man aber bezeichnen wie man möchte. Schließlich soll Einkochen ja vor allem eines machen: großen Spaß!

FÜR DAS BESTE NUR DIE BESTEN

Wer bei der Auswahl der Früchte auf Saisonware achtet, wird mit grandiosem Aroma belohnt. Außerdem sollten Sie beim Einkochen nur makelloses Obst ohne Schimmel und sichtbare Faulstellen verwenden. Haben die Früchte kleine Macken oder Druckstellen, einfach großzügig wegschneiden. Am Ende sollen ausschließlich die Besten verarbeitet werden. Für die optimale Haltbarkeit sind außerdem keimfreie Gläser das A und O – aber dazu später mehr.

WER GENÜGEND PLATZ IN TIEFKÜHLSCHRANK ODER -TRUHE HAT, KANN DIE GLÄSER EINFRIEREN. MARMELADEN UND KONFITÜREN BEHALTEN DADURCH LÄNGER IHRE FARBE UND IHR FRISCHES AROMA.

WIE VIEL SÜSSE DARF'S DENN SEIN?

Wie süß Ihre Marmelade oder Konfitüre wird, hängt vom Verhältnis zwischen Gelierzucker und Obst ab, auf der Packung ist das Verhältnis entsprechend angegeben: Gelierzucker „1:1“ eignet sich für alle Obstsorten. Soll das Ergebnis weniger süß, dafür fruchtiger werden, empfiehlt sich Gelierzucker „2:1“. Für Trockenfrüchte wie Datteln und Feigen, die von sich aus viel Süße mitbringen, verwenden Sie Gelierzucker „3:1“.

HIER STEHEN SIE RICHTIG

Gleichmäßig kühl und dunkel aufbewahrt, halten Marmeladen und Konfitüren mehrere Jahre. Dabei gilt die Faustregel: je höher der Zuckeranteil, desto länger die Haltbarkeit. Allerdings verblassen Farbe und Aroma mit der Zeit. Verbrauchen Sie Ihre Vorräte daher lieber innerhalb eines Jahres. Angebrochene Gläser kommen in den Kühlschrank, so halten Marmeladen und Konfitüren 2–3 Monate.

EIN EINMACHGLAS KOMMT SELTEN ALLEIN

Sie können sich natürlich klassische Einmachgläser kaufen. Oder Sie sammeln das Jahr über Ihre leeren Twist-off-Gläser mit Schraubverschluss. Zum Sterilisieren werden die Gläser und Deckel 5 Minuten in kochendes Wasser getaucht oder einfach auf einem Backblech für 10 Minuten in den auf 120 °C vorgeheizten Backofen geschoben. Bei unseren Rezepten sind übrigens keine Standardgrößen angegeben. Die Entscheidung für kleine oder große Gläser überlassen wir gerne Ihnen.

FRUCHT MIT SCHUSS

Wer seinem Fruchtaufstrich noch eine kleine Extranote verleihen möchte, sollte unbedingt mal etwas Likör, Obstbrand oder Rum hinzufügen: Limoncello passt z. B. gut zu Erdbeeren, Kirschwasser veredelt Kirschkonfitüre, Cassislikör ist die richtige Wahl bei Beerenkonfitüre und Campari verträgt sich sehr gut mit Orangenmarmelade. Auch klare Obstbrände wie ein Birnengeist verleihen ein tolles Aroma. Wichtig: Lassen Sie den Schnaps oder Likör nicht mitkochen, sondern rühren Sie ihn erst kurz vor dem Abfüllen in die Gläser unter. Und bitte nicht vergessen: Marmeladen und Konfitüren, die Alkohol enthalten, sollten nicht von Kindern und Schwangeren gegessen werden.

Ball

SCHWARZWÄLDER *Kirschkonfitüre* MIT UND OHNE SCHUSS

4 GLÄSER
(JE 250 ML)

20 MINUTEN
ZUBEREITUNG

30 MINUTEN
ZIEHEN

ca. 1,1 kg Sauerkirschen (entsteint 1 kg)

500 g Gelierzucker 2:1

80 g Bitterschokolade (70 % Kakaogehalt)

½ Vanilleschote

½ TL Bio-Zitronenzesten

4 EL Kirschgeist (nach Belieben)

Die Sauerkirschen waschen, entstielen und entsteinen. In einem Topf mit dem Gelierzucker mischen und 30 Minuten Saft ziehen lassen. Die Schokolade hacken.

Die Vanilleschote längs aufschneiden, das Mark herauskratzen und mit den Zitronenzesten in den Topf geben. Die Kirschen aufkochen und 4 Minuten sprudelnd kochen lassen. Den Topf vom Herd nehmen und die Früchte mit einem Kartoffelstampfer etwas zerkleinern.

Für die Gelierprobe etwas Fruchtmasse auf einen kalten Teller geben: Wenn sie leicht andickt, ist die Konfitüre fertig. Anderenfalls noch 1 Minute weiterkochen lassen. Dann die Schokolade und – wenn die Konfitüre einen „Schuss" bekommen darf – den Kirschgeist unterrühren.

Die Konfitüre kochend heiß in sterilisierte Gläser füllen. Die Gläser dabei bis zum Rand füllen, verschließen und für 10 Minuten auf den Kopf stellen. So entsteht ein Vakuum, Keime haben keine Chance. Die Konfitüre hält sich 1 Jahr.

GERADE KEINE SAUERKIRSCHENZEIT? MACHT NICHTS, DAS REZEPT FUNKTIONIERT AUCH MIT SAUERKIRSCHEN AUS DEM GLAS!

Erdbeerkonfitüre mit Thymian

- 1,1 kg Erdbeeren (geputzt 1 kg)
- 500 g Gelierzucker 2:1
- 1 Päckchen Vanillezucker
- Saft und Zesten von 1 Bio-Orange
- Blättchen von 1 Bund Thymian

4 GLÄSER (JE 250 ML)
20 MINUTEN ZUBEREITUNG
10 MINUTEN ZIEHEN

Die Erdbeeren klein schneiden, mit Gelier- und Vanillezucker in einem Topf mischen und 10 Minuten Saft ziehen lassen. Orangensaft und -zesten hinzufügen. Alles aufkochen und 4 Minuten sprudelnd kochen lassen. Die Thymianblättchen unterrühren. Nach der Gelierprobe (Seite 13) kochend heiß in sterilisierte Gläser füllen, verschließen und für 10 Minuten auf den Deckel stellen.

Aprikosenkonfitüre mit Riesling

6 GLÄSER (JE 250 ML)
20 MINUTEN ZUBEREITUNG
10 MINUTEN ZIEHEN

- 2,2 kg Aprikosen (entsteint 2 kg)
- 1 kg Gelierzucker 2:1
- Saft und 1 TL Zesten von 1 Bio-Zitrone
- 200 ml Riesling

Die Aprikosen entsteinen und klein schneiden. In einem Topf mit dem Gelierzucker mischen und 10 Minuten Saft ziehen lassen. Dann Zitronensaft und -zesten mit dem Riesling unter die Aprikosen rühren. Alles aufkochen und 4 Minuten sprudelnd kochen lassen. Nach der Gelierprobe (Seite 13) kochend heiß in sterilisierte Gläser füllen, verschließen und für 10 Minuten auf den Deckel stellen.

6 GLÄSER (JE 250 ML)

25 MINUTEN ZUBEREITUNG

Apfel-Feigen-Konfitüre

- 200 g getrocknete Feigen
- Saft und Zesten von 2 Bio-Zitronen
- 2 kg säuerliche Äpfel (z. B. Boskop)
- 200 ml Apfelsaft
- 600 g Gelierzucker 3:1
- 1 Zimtstange
- ⅓ TL Lebkuchengewürz

Die Feigen klein würfeln und in einer Schüssel mit Zitronensaft und -zesten mischen. Die Äpfel vierteln, schälen, entkernen und die Viertel in dünne Scheiben schneiden. Mit Apfelsaft, Gelierzucker und Zimtstange in einen Topf geben. Die Apfelmischung aufkochen und 4 Minuten sprudelnd kochen lassen, nach ca. 2 Minuten Feigen und Lebkuchengewürz unterrühren. Nach der Gelierprobe (Seite 13) die Zimtstange entfernen. Kochend heiß in sterilisierte Gläser füllen, verschließen und für 10 Minuten auf den Deckel stellen.

PROBIEREN SIE STATT FEIGEN AUCH DATTELN AUS ODER MISCHEN SIE DIE ÄPFEL MIT SAFTIGEN, AROMATISCHEN BIRNEN.

Orangenmarmelade mit Kardamom & Melisse

4 GLÄSER (JE 250 ML)

30 MINUTEN ZUBEREITUNG

- 1,5 kg Orangen, davon 1 Bio-Orange
- ca. 600 g Pfirsiche
- 500 g Gelierzucker 2:1
- 3 grüne Kardamomkapseln
- 2 EL Zitronensaft
- 3–4 Zweige Zitronenmelisse

Die Schale der Bio-Orange in feinen Zesten abziehen. Alle Orangen bis ins Fruchtfleisch schälen. 500 g Orangenfilets herausschneiden und in einen Topf geben. Die Pfirsiche mit kochendem Wasser überbrühen, kalt abschrecken, häuten und entsteinen. 500 g Pfirsichfruchtfleisch klein würfeln und zu den Orangenfilets geben. Die Kardamomkapseln andrücken und mit dem Gelierzucker untermischen. Zitronensaft und Orangenzesten dazugeben. Alles aufkochen und 4 Minuten sprudelnd kochen lassen. Die Blätter der Zitronenmelisse fein schneiden. Nach der Gelierprobe (Seite 13) die Kardamomkapseln herausfischen und die Zitronenmelisse unterrühren. Kochend heiß in Gläser füllen, verschließen und für 10 Minuten auf den Deckel stellen.

Kandieren

Früchte zu kandieren, ist gar nicht schwierig – erfordert aber ein wenig Geduld! Beim Kandieren (auch Konfieren genannt) wird den Früchten ein Großteil des Wassers entzogen und durch Zucker ersetzt. Das erhöht ihre Haltbarkeit enorm.

Es sollten nur reife, feste Früchte in gutem Zustand verarbeitet werden. Zu Bio-Obst greifen, wenn die Früchte ungeschält kandiert werden sollen. Die Früchte gründlich waschen, dann je nach Obstsorte schälen, entsteinen oder entkernen.

Immer wieder mit Zuckerlösung bedecken (siehe rechts) und 24 Stunden stehen lassen. Wenigstens 4 Tage müssen Sie rechnen, bis die Zuckerfrüchte fertig sind. Je häufiger der Vorgang wiederholt wird, desto mehr Wasser wird durch Zucker ersetzt – und so erhöht sich die Haltbarkeit auf bis zu mehrere Monate (desto süßer wird aber auch das Obst).

WER MAG, TAUCHT DIE KANDIERTEN FRÜCHTE JEWEILS ZUR HÄLFTE IN GESCHMOLZENE KUVERTÜRE UND LÄSST SIE AUF EINEM KUCHENGITTER TROCKNEN.

Wie links für die Orangenscheiben beschrieben, lässt sich auch anderes Obst kandieren, z. B. Zitronenscheiben, Ananasstücke, Aprikosen- oder Zwetschgenhälften und Kirschen. Aber auch Ingwer oder Blüten (z. B. Rosenblätter und Veilchenblüten) eignen sich super.

Kandierte Orangenscheiben

300 GRAMM	2 Bio-Orangen
30 MINUTEN ZUBEREITUNG	600 g Zucker
4 TAGE ZIEHEN	1 TL Puderzucker

Die Orangen gründlich waschen, abtrocknen und in ½ cm dicke Scheiben schneiden.

In einem großen Topf 300 ml Wasser mit 150 g Zucker aufkochen, die Orangenscheiben hineingeben und 1 Minute köcheln lassen. Abkühlen und 24 Stunden durchziehen lassen, dabei darauf achten, dass alle Orangen mit Sirup bedeckt sind.

Am nächsten Tag die Orangenscheiben herausheben. 150 g Zucker zum Sirup geben und wieder aufkochen. Die Orangenscheiben einlegen, kurz köcheln, dann abkühlen und 24 Stunden durchziehen lassen.

Die Prozedur an 2 weiteren Tagen wiederholen, dabei darauf achten, dass die Orangenscheiben immer mit Sirup bedeckt sind (evtl. mit Backpapier abdecken und mit einem Teller beschweren).

Nach insgesamt 4 Tagen die kandierten Orangen abtropfen lassen, auf ein mit Backpapier belegtes Blech legen und den Puderzucker darübersieben. Den Backofen auf 60 °C vorheizen und die Orangen in etwa 2 Stunden im Backofen trocknen lassen. Sie halten in Blechdosen 5–6 Wochen.

KANDIERTE FRÜCHTE EIGNEN SICH NICHT NUR ZUM NASCHEN, FÜR WEIHNACHTSPLÄTZCHEN ODER FÜR FRÜCHTEBROT, SIE SIND AUCH IDEAL FÜR TORTEN.

Kandierter Ingwer

250 g saftigen Ingwer ohne holzige Stellen in ½ cm dicke und 3 cm lange Stäbchen schneiden.
Mit 250 ml Wasser aufkochen und 15 Minuten bei schwacher Hitze köcheln lassen, bis der Ingwer weich ist.
100 g Zucker dazugeben, aufkochen, dann abkühlen und 24 Stunden durchziehen lassen. Am nächsten Tag 3 Bio-Zitronenscheiben und 50 g Zucker dazugeben, aufkochen und wieder 24 Stunden ziehen lassen. An den 2 folgenden Tagen noch einmal mit jeweils 50 g Zucker aufkochen. Zum Schluss aus dem Sirup heben, mit Zucker bestreuen und im Backofen (siehe links) trocknen lassen. Den Sirup aufbewahren, er eignet sich wunderbar für Fruchtsorbets oder Obstsalat.

Obst sucht große Liebe

Kaum etwas ist so vielseitig einsetzbar wie Obst, es schmeckt roh oder gekocht, kandiert, gedörrt ... und jede Art hat ihre ganz eigenen Highlights in der Verwendung.

KERNOBST
Äpfel, Birnen und andere Früchte mit Kerngehäuse werden mürbe und süß, wenn man sie erhitzt. Ihr Geschmack kommt dann besonders gut zur Geltung.

PERFEKT FÜR KOMPOTT, MUS, KUCHEN ODER CRUMBLE, ABER AUCH SUPER ZU FLEISCH.

GROSSE LIEBE
BIRNE & PULLED PORK
4 Birnen schälen, entkernen und vierteln. 100 g Zucker mit 250 ml Wasser, dem Mark und der Schote von 1 Vanilleschote aufkochen, die Birnen darin 3 Minuten köcheln (pochieren), dann abkühlen lassen. In feine Scheiben schneiden und auf das Pulled-Pork-Sandwich von Seite 55 legen.

STEINOBST
Auch die Früchte mit einem harten Kern wie Aprikosen, Kirschen, Pfirsiche oder Pflaumen werden süßer, wenn man sie kocht. Beim Konfitürekochen also lieber den Gelierzucker 2:1 verwenden.

PERFEKT FÜR KONFITÜREN, CHUTNEYS, KOMPOTT UND ZUM KARAMELLISIEREN.

GROSSE LIEBE
APRIKOSE & LACHSFORELLE
Den Ofen auf 200 °C vorheizen. 4 Aprikosen waschen, halbieren und mit der Schnittfläche nach oben auf ein mit Backpapier ausgelegtes Blech legen. Mit je 1 TL Vanillezucker bestreuen, in den Ofen schieben und 5 Minuten karamellisieren. Zu frisch gebratenem Lachsforellenfilet servieren.

BEERENOBST

Beeren sind nicht ganz so süß wie Kern- und Steinobst und eignen sich daher nicht nur als Farbtupfer, sondern auch als säuerliche Aromalieferanten.

PERFEKT FÜR SMOOTHIES ODER MÜSLI, LEICHT EINGEKOCHT ODER PÜRIERT ALS SAUCE ZU SÜSSEM ODER ALS GANZE FRÜCHTE ZUM AROMATISIEREN VON ESSIG ODER ALKOHOL.

GROSSE LIEBE HIMBEEREN & SAUERKRAUT

Das Sauerkraut wie auf Seite 46 beschrieben zubereiten, aber zum Servieren 300 g gewaschene Himbeeren unter das Kraut mischen.

SCHALENOBST

Haselnüsse, Walnüsse, Cashewkerne, aber auch Kokosnüsse und Maronen sorgen im Ganzen verwendet für Biss. Püriert sorgen sie für Cremigkeit und runden den Geschmack weich ab.

PERFEKT FÜR MUS UND VEGANE MILCHALTERNATIVEN, PESTO UND AUFSTRICH ODER ALS KNACKIGE KOMPONENTE FÜR SALATE UND REISGERICHTE.

GROSSE LIEBE KOKOS & KAROTTE

1 Ei, 100 g Mehl, 200 ml kaltes Wasser, 1 Msp. Natron und 1 Prise Salz zu einem glatten Teig verrühren. 500 g Karotten schälen und in 1 cm dicke Streifen schneiden. Mit Mehl bestäuben, durch den Teig ziehen, dann in 75 g Kokosraspeln wenden. In heißem Öl frittieren und auf Küchenpapier abtropfen lassen. Zu gegrilltem Hähnchen servieren.

SÜDFRÜCHTE

Weit gereiste Früchte wie Mango, Ananas, Avocado und Zitrusfrüchte zählen als eigene Kategorie, obwohl Kerne, Steine, Beeren oder harte Schalen vertreten sind. Kurz gesagt: Was nicht in Mitteleuropa wächst, ist eine Südfrucht.

PERFEKT FÜR SMOOTHIES UND SÄFTE, COCKTAILS UND CHUTNEYS.

GROSSE LIEBE MANGO & TOMATE

100 g Mehl, 200 ml Milch, 1 Ei und 1 Prise Salz zu einem glatten Crêpeteig rühren und 10 Minuten quellen lassen. 2 EL Öl erhitzen, 1 gewürfelte Mango, 2 gewürfelte Tomaten und 2 EL Zwiebelwürfel darin 3–5 Minuten anschwitzen. Mit Salz und Pfeffer würzen. In einer gefetteten Pfanne nacheinander 6 Crêpes backen und mit der Mango-Tomaten-Salsa servieren.

Lemon Curd

4–5 Bio-Zitronen
4 Eier (M)
200 g Puderzucker
50 g Butter

1 GLAS (375 ML)
20 MINUTEN ZUBEREITUNG

Die Zitronen heiß abwaschen, abtrocknen und die Schale von 2 Zitronen sehr fein raspeln. 200 ml Saft auspressen. Zitronensaft und -schale in einem Topf mit den Eiern und dem Puderzucker verrühren. Bei schwacher Hitze unter ständigem Rühren bis knapp unter den Siedepunkt erwärmen (nicht kochen lassen!), bis die Masse dick und cremig wird.

BEI DIESEM REZEPT HEISST ES: EIER KAUFEN UND SOFORT LOSLEGEN, SIE SOLLTEN GANZ FRISCH SEIN.

Dann die Butter in Flöckchen unterrühren. Die Creme abgekühlt in ein sterilisiertes Schraubglas füllen. Hält sich im Kühlschrank mindestens 2 Wochen, verliert danach ein wenig an Aroma.

Orangen-Maracuja-Curd

150 ml frisch gepressten Orangensaft mit 200 g Puderzucker und 4 Eiern verrühren. 3–4 Maracujas halbieren, das Fruchtgelee herauslöffeln und dazugeben. Wer die Maracujakernchen nicht mag, kann das Fruchtgelee vorher (ganz oder zur Hälfte) durch ein feines Sieb streichen. Wie beschrieben unter Rühren erhitzen und die Butterflöckchen unterrühren.

VERY BRITISH ZU SELBSTGEMACHTEN SCONES (SEITE 123), ALS TOPPING FÜR CUPCAKES ODER ALS TARTEFÜLLUNG. FÜR EIN BLTZSCHNELLES DESSERT BESTREICHEN SIE BAISER MIT CURD UND SERVIEREN ES MIT EINEM KLECKS SAHNE.

Orangen-
Maracuja-
Curd

Dörren

Morgens im Müsli, mittags im Trail-Mix oder abends beim Krimi: Getrocknete Früchte sind der perfekte Snack.

Jedes Obst lässt sich dörren, allerdings nicht bei der gleichen Temperatur. Je nach Obst und Backofen kann auch die Dörrzeit unterschiedlich sein. Also: „auf Sicht" dörren! Am besten von Zeit zu Zeit ein Stück herausnehmen und aufreißen. Nur vollständig trockene Früchte sind fertig und lassen sich sicher aufbewahren. Zitronensaft verhindert, dass Apfel- oder Birnenscheiben während des Dörrens braun werden.

Um Obst für den Vorrat zu trocknen, gibt es spezielle Dörrgeräte. Wer es nur mal ausprobieren möchte, kann aber auch einfach seinen Backofen benutzen.

Klemmen Sie beim Dörren im Backofen immer einen Kochlöffel in die Backofentür, damit die Feuchtigkeit entweichen kann. Die Ofentemperatur mit einem Backofenthermometer kontrollieren und bei Bedarf durch kurzes Öffnen der Backofentür absenken. Die Scheiben und Ringe gelegentlich wenden.

GEMÜSE LÄSST SICH GENAUSO DÖRREN WIE OBST. DAZU Z. B. ROTE BETE, KAROTTEN ODER ZUCCHINI IN 2 MM DÜNNE SCHEIBEN HOBELN UND IM BACKOFEN BEI CA. 60 °C DÖRREN. DAZU PASSEN DIE WÜRZMISCHUNGEN VON SEITE 187.

GEDÖRRTE FRÜCHTE HALTEN SICH IN GLÄSERN 3–4 MONATE, SOLLTEN ABER IMMER MAL WIEDER KONTROLLIERT WERDEN.

KNUSPRIGE Apfelringe

100 GRAMM

10 MINUTEN VORBEREITUNG

4–6 STUNDEN TROCKNEN

- 2 große säuerliche Äpfel
- ½ Zitrone

Den Backofen auf 50 °C vorheizen. Die Äpfel ungeschält in knapp 2 mm dicke Scheiben hobeln. Dünn geschnitten und mit Schale werden die Ringe besonders knusprig.

Die Zitronenhälfte auspressen. Den Saft mit ½ l kaltem Wasser mischen und die Apfelringe für 5 Minuten einlegen. Herausnehmen und auf Küchenpapier abtropfen lassen. Ein Blech mit Backpapier belegen. Die Apfelringe so darauf verteilen, dass sie einander nicht überlappen, ggf. ein weiteres Blech belegen. Die Apfelringe 4–6 Stunden im Ofen trocknen lassen. Dabei wie links beschrieben die Temperatur kontrollieren und die Feuchtigkeit aus dem Ofen entweichen lassen. Die Apfelringe sind erst dann fertig getrocknet, wenn sie beim Aufreißen keine saftigen Stellen mehr aufweisen.

HEIDELBEEREN

Die Beeren waschen, verlesen und auf Küchenpapier abtropfen lassen. Auf einem mit Backpapier belegten Blech verteilen (mit Abstand!) und die Beeren bei 40–50 °C im Backofen dörren. Nach 3–5 Stunden sind sie fertig.

ERDBEEREN

Die Früchte waschen, die Kelchblätter entfernen. Die Beeren in dünne Scheiben schneiden, auf Küchenpapier abtropfen lassen. Mit etwas Abstand auf mit Backpapier belegten Blechen verteilen und 4–6 Stunden bei 50 °C dörren.

APRIKOSEN

Nur makellose, reife Früchte nehmen, diese gründlich waschen, halbieren und die Kerne entfernen. Die Aprikosenhälften jeweils in 4 Spalten schneiden und mit der Fruchtseite nach oben auf mit Backpapier belegte Bleche legen. In etwa 6–8 Stunden bei 75 °C im Backofen trocknen lassen.

Fruit-Leather-Roll-ups

APRIKOSE-MANGO-CHIA

12 ROLL-UPS

10 MINUTEN ZUBEREITUNG

8–9 STUNDEN TROCKNEN

- 500 g Aprikosen
- 1 große Mango
- 2 EL Zitronensaft
- 1–2 TL Chiasamen

Den Backofen auf 60 °C vorheizen. Die Aprikosen waschen und entsteinen. Die Mango schälen und das Fruchtfleisch vom Kern schneiden. Beides mit dem Zitronensaft im Mixer (oder in einem hohen Mixbecher mit dem Pürierstab) fein pürieren.

Ein Blech mit Backpapier belegen und das Fruchtpüree daraufgießen. Mit einem Teigspatel gleichmäßig etwa 4 mm dünn ausstreichen. Die Chiasamen aufstreuen. Das Fruchtmus in 6–7 Stunden im Ofen trocknen lassen, dabei den Ofen mit einem Kochlöffel leicht offen halten.

Danach vom Backpapier lösen und 2 Stunden zum Trocknen aufhängen (über eine Wäscheleine oder einen Metallkleiderbügel). Dann mit der Schere oder einem Pizzaschneider in 12 Streifen schneiden und aufrollen. Hält sich in luftdicht verschlossenen Gläsern 2–3 Monate.

IHR FRUIT-LEATHER MACHT 'NE WELLE, WEIL DAS BACKPAPIER SICH WELLT? DANN NUTZEN SIE OFENFESTE BRATFOLIE.

12 ROLL-UPS

10 MINUTEN ZUBEREITUNG

8–9 STUNDEN TROCKNEN

HIMBEER-ERDBEER-KOKOS

- 500 g Erdbeeren
- 300 g Himbeeren
- 2 EL Limettensaft
- 2 EL Ahornsirup
- 1 EL Kokosraspel

Den Backofen auf 60 °C vorheizen. Die Erdbeeren waschen, auf Küchenpapier abtropfen lassen und das Grün entfernen. Die Himbeeren vorsichtig waschen und verlesen. Erdbeeren und Himbeeren zusammen pürieren und zum Entfernen der Kernchen durch ein feines Sieb streichen. Das Fruchtpüree mit Limettensaft und Ahornsirup verrühren.

Das Fruchtpüree gleichmäßig etwa 4 mm dünn auf einem mit Backpapier belegten Blech ausstreichen. Die Kokosraspel daraufstreuen. Das Fruchtmus in 6–7 Stunden im Ofen trocknen lassen. Dabei den Ofen mit einem Kochlöffel offen halten.

Das Fruit-Leather vom Backpapier lösen und 2 Stunden zum Trocknen aufhängen (siehe links). Dann in 12 Streifen schneiden und aufrollen. Hält sich in luftdicht verschlossenen Gläsern 2–3 Monate.

JE REIFER UND SÜSSER DIE BEEREN, DESTO LECKERER WERDEN DIE FRUIT-LEATHER-ROLL-UPS!

SALZZITRONEN

- 10–12 Bio-Zitronen
- 4–5 EL grobes Meersalz
- Saft von 2 Zitronen

2 GLÄSER (JE 600 ML)

25 MINUTEN ZUBEREITUNG

2 MONATE ZIEHEN

Die Zitronen unter fließendem, warmem Wasser waschen. Die Schale sollte keine Druckstellen oder dunklen Flecken aufweisen. Stielansätze ca. 3 mm abschneiden, damit Salzwasser eindringen kann. In einer Schüssel mit kaltem Wasser bedeckt 4 Tage zugedeckt stehen lassen, dabei das Wasser täglich wechseln.

Die Zitronen herausnehmen und abtrocknen. Jeweils viermal längs etwa 1 cm tief einritzen und diese Schlitze mit etwas Meersalz füllen. Die Zitronen dicht an dicht in 2 Gläser schichten. Pro Glas den Saft von 1 Zitrone und 1 ½ EL Meersalz darübergeben. Kochendes Wasser über die Zitronen gießen, bis sie ganz bedeckt sind. Die Gläser verschließen und die Zitronen an einem kühlen, dunklen Ort mindestens 2 Monate durchziehen lassen. Die Salzzitronen halten ca. 1 Jahr, das angebrochene Glas im Kühlschrank 1–2 Monate.

SALZZITRONEN ISST MAN MIT SCHALE, SIE LIEFERN EINE BESONDERE WÜRZE FÜR GERICHTE MIT HUHN, LAMM, FISCH ODER HÜLSENFRÜCHTEN. FEIN GEWÜRFELT SIND SIE EIN FRISCHES SALATTOPPING.

SALZZITRONEN-MAYO *mit grünem Spargel*

Für 2 Portionen gegrillten grünen Spargel mit Salzzitronen-Mayo 500 g grünen Spargel im unteren Drittel schälen und die Stangen halbieren. Eine Grillpfanne erhitzen, und den Spargel darin mit jeweils 1 EL Rapskernöl portionsweise 6–7 Minuten braten. Aus 1 Eigelb, ½ TL Senf, 1 EL Flüssigkeit aus dem Salzzitronenglas und 100 ml Öl eine Mayonnaise herstellen (Seite 142) und 100 g Joghurt unterrühren. Zuletzt ¼ Salzzitrone fein würfeln und untermischen. Mit Zucker und Pfeffer abschmecken und zum grünen Spargel reichen.

EINLEGEN · TROCKNEN · EINKOCHEN · FERMENTIEREN · ZUM MITNEHMEN

Gemüse

Hallo, das hier geht an all diejenigen, denen immer noch das „Kind, iss dein Gemüse!“ in den Ohren klingt. Hätten wir bloß damals schon gewusst, wie lecker Grünzeug schmecken kann! Besonders wenn es ein kleines Bad in Öl und Gewürzen hinter sich hat oder würzig eingekocht wird.
Und schon gehört Gemüse zu den neuen Helden in unserem Vorratsschrank. Tomatenträume, Fenchelfreuden, Linsenliebe, Radieschenromanze... Glauben Sie uns, von frisch eingelegt zu schwer verliebt sind es nur ein paar klitzekleine Arbeitsschritte. Also ran ans Gemüse, schnippeln, fertig, los!

Feinkost aus der Vorratskammer

Diese köstlich gefüllten Gläser sind nicht nur optisch eine leckere Angelegenheit. Selbstgemachte Antipasti mit eingelegtem Gemüse, Oliven und Kräutern schmecken einfach am besten und sind stets griffbereit. Auch Käse lässt sich wunderbar einlegen. Schafskäsewürfel mit jungen Oreganozweigen, Knoblauchscheiben und Zitronenzesten in Gläser geben und mit Olivenöl auffüllen. Innerhalb von 14 Tagen haben Sie ein erstklassiges Topping für Sandwiches und Salate.

NICHTS IST UNMÖGLICH

Einlegen können Sie alle Gemüsesorten, die sich die Natur ausgedacht hat. Dies gilt für Rohprodukte, ebenso wie für gedünstete, gedämpfte, gebratene oder gegrillte Zutaten. Probieren Sie zum Beispiel gebratene oder gegrillte Auberginen, Zucchini und Fenchel. Oder starten Sie mit gedämpften oder gedünsteten Karotten, Pastinaken und Rote Beten, Pilzen, Schalotten, gerösteten Paprikaschoten, getrockneten Tomaten, Artischockenherzen oder Oliven ... Sie entscheiden, was ins Glas kommt!

HUSCH, HUSCH INS GLÄSCHEN

Waschen und putzen Sie Gemüse und Kräuter und sterilisieren Sie die entsprechenden Einmachgläser (siehe Einkochtipps Seite 11). Achten Sie unbedingt auf Sauberkeit bei der Verarbeitung und dem Abfüllen. Jetzt kann es losgehen! Die Produkte nach Rezept garen und abgekühlt in die sterilisierten Gläser geben. Erst dann kommt das haltbarmachende Öl ins Spiel. Langsam das Glas so füllen, dass alles mit Öl bedeckt ist. Danach den Deckel fest zudrehen, so bleibt Ihr Eingemachtes bei kühler Lagerung bis zu 6 Monate haltbar. Wird nicht alles gleich aufgegessen, können Sie das angebrochene Glas einige Tage im Kühlschrank aufbewahren. Auch hier gilt: Das Eingelegte muss komplett mit Öl bedeckt sein!

GUTES ÖL GEHT AM BESTEN

Sparen Sie bitte nicht an der Qualität des Öls, denn es hat einen entscheidenden Einfluss auf den Geschmack. Hochwertiges Olivenöl ist die beste Wahl, wenn im Rezept Knoblauch, Thymian, Rosmarin, Lorbeer, Kreuzkümmel, Koriander oder Kardamom vorkommen. Diese Kombination sorgt für volles Aroma. Soll es etwas weniger intensiv schmecken, bieten sich Rapskern- oder Sonnenblumenöl an. Walnuss- oder Haselnussöle sind in der Regel zu geschmacksintensiv, können aber mit Sonnenblumenöl gemischt werden. Aber Vorsicht: Nussöle werden relativ schnell ranzig, das darin Eingelegte hält nicht länger als 6–8 Wochen.

Thymian-Chili-Oliven

1 GLAS (250 GRAMM)

30 MINUTEN ZUBEREITUNG

1 STUNDE ZIEHEN

- 200 g grüne Oliven (aus dem Glas, mit oder ohne Stein)
- ½ TL getrockneter Thymian
- ¼ TL Chiliflocken
- einige Bio-Zitronenzesten
- Olivenöl

Die Oliven abtropfen lassen. Thymian, Chiliflocken, Zitronenzesten und 2 EL Öl untermischen. Zum sofortigen Verzehr 1 Stunde durchziehen lassen. Für den Vorrat in ein Schraubglas geben und mit Öl auffüllen. 6 Monate haltbar.

Turşu

Türkisches Gemüse in Essig-Salz-Lake

3 GLÄSER (JE 600 ML)

1 STUNDE ZUBEREITUNG

2–3 WOCHEN ZIEHEN

Turşu gibt es in unzähligen Varianten, da sich die unterschiedlichsten Gemüse dazu eignen: Weißkohl, Karotten, Gurken, Zucchini, Auberginen, Paprikaschoten, grüne Tomaten, grüne Bohnen, Blumenkohl und vieles mehr. Wenn Sie härtere Sorten wie Karotten, Blumenkohl etc. mit weichen wie Paprika und Zucchini mischen möchten, sollten Sie die ersteren einige Minuten in Salzwasser blanchieren und in Eiswasser abkühlen lassen. Auch Weißkohl schmeckt besser, wenn er 4–5 Minuten vorgekocht wurde. Probieren Sie eine Mischung mit Ihrem Lieblingsgemüse!

- 400 ml Weinessig
- 6 EL Meersalz
- 2 kg Gemüse nach Wahl
- 1 Handvoll Knoblauchzehen
- 5–6 scharfe grüne Peperoni
- 1 Handvoll getrocknete Kichererbsen
- 2–3 Zweige Petersilie
- 2–3 Zweige Dill
- 2–3 Zweige Minze
- 3 Kohlblätter zum Abdecken

Zuerst 2 l Wasser aufkochen und wieder abkühlen lassen. Dann mit Essig und Salz verrühren, bis sich das Salz aufgelöst hat.

Das Gemüse putzen und in etwa gleich große Stücke schneiden. Den Knoblauch schälen, die Peperoni waschen und in Stücke schneiden.

Das Gemüse im bunten Wechsel mit Knoblauch, Peperonistücken und einigen Kichererbsen dicht an dicht in sterilisierte Gläser schichten, ohne dass Hohlräume bleiben. Zum Schluss die Kräuter waschen, daraufgeben und hineindrücken. Mit den Kohlblättern abdecken und noch einmal fest zusammendrücken.

Die Essig-Salz-Lake darübergießen. Es muss alles vollständig bedeckt sein, sonst droht Schimmel! Die Gläser verschließen und das Gemüse an einem kühlen, dunklen Ort 2–3 Wochen durchziehen lassen. Hält sich ca. 6 Monate.

GANZE PAPRIKASCHOTEN, TOMATEN ODER SALATGURKENSTÜCKE SOLLTEN SIE MIT EINEM SPITZEN MESSER MEHRFACH EINSTECHEN, DAMIT DIE FLÜSSIGKEIT GUT EINDRINGEN KANN.

Antipasti

4–6 PORTIONEN

30 MINUTEN ZUBEREITUNG

2 STUNDEN ZIEHEN

- 1 Aubergine
- 1 TL Kreuzkümmel, gemörsert
- 1 Knoblauchzehe, gepresst
- ca. 8 EL Olivenöl
- 1 EL gehackte Petersilie
- Salz

Gegrillte Aubergine mit Kreuzkümmel

Die Aubergine in 4 mm dicke Scheiben schneiden. Mit Salz bestreuen und 10 Minuten Wasser ziehen lassen. Kreuzkümmel und Knoblauch mit 6 EL Öl verrühren.

Eine Grillpfanne erhitzen, Stege mit Öl einpinseln. Die Auberginenscheiben trocken tupfen und portionsweise 2–3 Minuten anbraten. Mit dem Würzöl bestreichen, wenden und in 2–3 Minuten fertigbraten. Anrichten, die Petersilie darüberstreuen und das übrige Würzöl darüberträufeln. 2 Stunden zugedeckt durchziehen lassen. Hält sich 4–5 Tage im Kühlschrank.

4–6 PORTIONEN

30 MINUTEN ZUBEREITUNG

- 3–4 Zucchini
- ½ Bund Thymian
- 1 Knoblauchzehe, gepresst
- ca. 8 EL Olivenöl
- etwas Saft und Zesten von 1 Bio-Zitrone
- Salz und Pfeffer

Zucchini mit Zitrone und Thymian

Die Zucchini längs in 3 mm dicke Scheiben schneiden. Die Thymianblättchen von den Zweigen abstreifen, fein hacken. Thymian und Knoblauch mit 6 EL Öl und den Zitronenzesten verrühren.

Die Zucchinischeiben in einer eingeölten Grillpfanne braten, wie für die Auberginenscheiben beschrieben. Die Scheiben salzen, pfeffern und anrichten. Etwas Zitronensaft und das übrige Würzöl darüberträufeln. Hält sich 4–5 Tage im Kühlschrank.

4–6 PORTIONEN

40 MINUTEN ZUBEREITUNG

- 2–3 junge Fenchelknollen
- 6 in Öl eingelegte getrocknete Tomaten (selbstgemacht Seite 43)
- + 4 EL Tomateneinlegeöl
- 2 EL Pinienkerne
- 25 g Parmesan, gerieben
- Salz und Pfeffer

Tomatenfenchel mit Parmesan

Den Backofen auf 200 °C vorheizen. Das Grün vom Fenchel abschneiden und beiseitelegen. Die Knollen halbieren, in dünne Spalten schneiden und auf einem Blech mit Backpapier verteilen. Die Tomaten fein würfeln und mit den Pinienkernen darüberstreuen. Das Einlegeöl der Tomaten darübersprenkeln. Den Fenchel im Ofen (Mitte) ca. 30 Minuten backen, dabei einmal wenden.

Den Fenchel leicht salzen, pfeffern, den Parmesan untermischen. Anrichten, das Fenchelgrün fein schneiden und darüberstreuen. Hält sich 4–5 Tage im Kühlschrank.

400 GRAMM

10 MINUTEN ZUBEREITUNG

Traditioneller Hummus

- 1 kleine Dose Kichererbsen (240 g Abtropfgewicht)
- 1 EL Tahin (Sesampaste, aus dem Glas)
- Saft von 1 Zitrone
- 2 EL Olivenöl, zzgl. Olivenöl zum Beträufeln
- 1 Knoblauchzehe
- 1 TL gemahlener Kreuzkümmel
- Salz
- Cayennepfeffer
- Zucker

Die Kichererbsen in einem Sieb abtropfen lassen und in den Mixer (oder einen hohen Mixbecher) geben. Die Tahin, den Zitronensaft und das Olivenöl dazugeben. Den Knoblauch schälen, längs aufschneiden, ggf. den grünen Trieb entfernen. Den Knoblauch etwas zerkleinern und mit dem Kreuzkümmel hinzufügen.

Alles im Mixer (oder mit dem Pürierstab) fein pürieren, dabei so viel kaltes Wasser hinzufügen, dass eine cremige Masse entsteht. Mit Salz, Cayennepfeffer und 1 Prise Zucker abschmecken. Frisch mit Gemüse zum Dippen servieren, dazu in eine Schale füllen, ein wenig Olivenöl darüberträufeln und 1 Prise Cayennepfeffer darüberstreuen. Zum Aufbewahren in eine Frischhaltedose füllen. Hält sich 4–5 Tage im Kühlschrank.

Orangen-Hummus mit Zitronenmelisse

240 g Kichererbsen mit 1 EL Tahin, Saft und Zesten von 1 Bio-Orange, 1 EL Olivenöl und 1 geschälten Knoblauchzehe pürieren, bei Bedarf ein wenig Wasser untermixen. Mit Salz, Cayennepfeffer und Zucker abschmecken und mit 1 EL fein geschnittener Zitronenmelisse bestreut servieren.

Rote-Linsen-Creme
mit Curry

400 GRAMM

30 MINUTEN ZUBEREITUNG

30 MINUTEN ABKÜHLEN

- 3 Frühlingszwiebeln
- 1 Knoblauchzehe
- 2 EL neutrales Pflanzenöl
- 1 TL geröstetes Sesamöl
- 200 g rote Linsen
- 300 ml Gemüsebrühe
- 1 TL Currypulver
- 1 Bund Koriandergrün
- 1–2 TL Zitronensaft
- Cayennepfeffer
- Salz

Den weißen Teil der Frühlingszwiebeln fein schneiden. Den Knoblauch schälen und fein hacken. Die beiden Öle in einem Topf erhitzen, Knoblauch und Zwiebeln darin bei mittlerer Hitze goldgelb anbraten.

Die Linsen unterrühren, mit der Gemüsebrühe ablöschen und das Currypulver dazugeben. Alles aufkochen und etwa 12 Minuten bei schwacher Hitze kochen lassen, gelegentlich umrühren. Den Topf vom Herd nehmen und die Linsen vollständig abkühlen lassen.

Das Frühlingszwiebelgrün in schmale Ringe schneiden. Das Koriandergrün fein schneiden.

Die Linsen mit dem Pürierstab fein aufmixen. Frühlingszwiebel- und Koriandergrün unterziehen und die Creme mit Zitronensaft, Salz und Cayennepfeffer abschmecken. Frisch mit Crackern servieren oder in eine Frischhaltedose füllen. Hält im Kühlschrank 4–5 Tage.

Kartoffelkonfitüre mit Birne

- 250 ml naturtrüber Apfelsaft
- 500 g mehligkochende Kartoffeln
- 500 g Birnen
- 3 EL Birnengeist
- ½ TL Bio-Zitronenzesten
- 300 g Gelierzucker 2:1
- 3–4 kleine Zweige Rosmarin

4 GLÄSER (JE 250 ML)

30 MINUTEN ZUBEREITUNG

Den Apfelsaft in einen Topf geben. Die Kartoffeln schälen und fein dazureiben. Die Birnen schälen und die Kerngehäuse entfernen. ⅓ davon in ca. 4 mm große Würfel schneiden und mit dem Birnengeist mischen. Die übrigen Birnenstücke grob zu den Kartoffeln raspeln. Die Zitronenzesten dazugeben.

Den Gelierzucker unterrühren und das Ganze zum Kochen bringen. Unter Rühren, damit die Masse nicht ansetzt, 5–6 Minuten kochen lassen. Die marinierten Birnenwürfelchen unterrühren und 2 Minuten mitkochen lassen.

Die Rosmarinzweige heiß abwaschen und trocken schütteln. Die Masse kochend heiß in sterilisierte Schraubgläser füllen, jeweils einen Rosmarinzweig daraufgeben und verschließen. Die Gläser für 10 Minuten auf den Kopf stellen. Hält sich 1 Jahr.

DIESE AUSGEFALLENE KOMBINATION IST GENAU DER RICHTIGE BROTAUFSTRICH FÜR ALLE, DIE ES NICHT GANZ SO SÜSS MÖGEN. PROBIEREN SIE DIE KONFITÜRE AUCH ZU BÜNDNER FLEISCH ODER GERÄUCHERTER GÄNSEBRUST.

Zwiebelkonfitüre

2 GLÄSER (JE 250 ML)

40 MINUTEN ZUBEREITUNG

- 500 g rote Zwiebeln
- 2 EL Zucker
- 100 ml roter Portwein
- 250 ml Rotwein
- 50 g Gelierzucker 2:1
- 2–3 Zweige Thymian
- 1 kleines Lorbeerblatt
- 1 Stück Bio-Orangenschale
- 1 Stück Bio-Zitronenschale
- 2 EL Granatapfelessig (Seite 155), Himbeer- oder Cassisessig
- Salz und Pfeffer

Die Zwiebeln schälen und fein hacken. Den Zucker in einer Pfanne bei schwacher Hitze zu hellem Karamell schmelzen. Die Zwiebeln und 1 kräftige Prise Salz dazugeben und 3–4 Minuten unter Rühren anbraten.

Mit dem Portwein ablöschen und diesen vollständig verkochen lassen. Den Rotwein angießen. Gelierzucker, Thymianzweige, Lorbeerblatt, Orangen- und Zitronenschale dazugeben und bei schwacher Hitze in etwa 30 Minuten sämig einkochen lassen, gelegentlich umrühren.

Zum Schluss Kräuter und Zitrusschalen entfernen. Die Zwiebelkonfitüre mit Essig, Salz und Pfeffer abschmecken und abkühlen lassen. Hält im Kühlschrank etwa 10 Tage.

DIE KONFITÜRE SCHMECKT GUT ZU ZIEGENKÄSE, KALBSLEBER ODER ZU RINDERSTEAK. SIE MACHT BURGER ODER HOT DOGS ZU FAST FOOD DE LUXE.

Bruschetta mit Ziegenkäse und Zwiebelkonfitüre

Den Backofen auf 200 °C vorheizen, ein Blech mit Backpapier belegen. 6 Scheiben Ciabatta mit Zwiebelkonfitüre (siehe oben) bestreichen. 200 g Ziegenweichkäse (kein Frischkäse!) in dünne Scheiben schneiden und darauflegen. 8–10 Walnusshälften grob hacken und auf dem Käse verteilen. 2 EL flüssigen Honig mit 1 TL frisch gehackten Thymianblättchen verrühren und über Käse und Walnüsse träufeln. 6–7 Minuten im Ofen überbacken, bis der Käse zu schmelzen beginnt.

12 STÜCKE

60 MINUTEN ZUBEREITUNG

75 MINUTEN GEHEN

Tomaten-Erdbeer-Pizza

TEIG

500 g Mehl, zzgl. Mehl zum Verarbeiten
¼ l Milch
1 Würfel (42 g) frische Hefe
1 TL Honig
60 g Butter
Salz

BELAG

8 getrocknete, in Öl eingelegte Tomaten (siehe rechts)
100 g kleine Kirschtomaten
250 g Erdbeeren
2 Kugeln Mozzarella (à 100 g)
3 EL Tomateneinlegeöl
2–3 Zweige Basilikum
Salz und Pfeffer

Für den Teig das Mehl in eine Schüssel geben und eine Mulde in die Mitte drücken. Die Milch lauwarm erhitzen, Hefe und Honig unterrühren und in die Mulde gießen. 15 Minuten zugedeckt an einem warmen, zugluftfreien Ort gehen lassen.

Die Butter schmelzen und mit 1 gehäuften TL Salz zur Hefemilch geben. Mit den Knethaken des Handrührgeräts 3–4 Minuten bearbeiten, bis sich der Teig vom Schüsselrand löst. Mit Mehl bestäuben und zugedeckt 1 Stunde an einem warmen, zugluftfreien Ort gehen lassen, bis der Teig sein Volumen verdoppelt hat.

Für den Belag die eingelegten Tomaten abtropfen lassen und klein würfeln. Die Kirschtomaten waschen und halbieren. Die Erdbeeren waschen, die Kelchblätter entfernen und die Früchte in Scheiben schneiden. Den Mozzarella gut abtropfen lassen und klein schneiden.

Den Backofen auf 180 °C vorheizen, ein Blech mit Backpapier belegen. Den Teig auf einer bemehlten Arbeitsfläche in Blechgröße ausrollen und darauflegen. Mit Tomatenwürfeln, Kirschtomaten, Erdbeeren und Mozzarella belegen. Mit Salz und Pfeffer würzen und das Tomatenöl darüberträufeln. Die Pizza ca. 30 Minuten im Ofen (Mitte) backen, bis der Käse geschmolzen und leicht gebräunt ist.

Das Basilikum waschen, trocken schütteln, die Blätter abzupfen und auf die warme Pizza streuen. Zum Servieren in 12 Stücke schneiden.

WENN ES SCHNELLER GEHEN SOLL, DIE ZUGEDECKTE SCHÜSSEL ZUM ZWEITEN GEHEN BEI 35 °C IN DEN BACKOFEN STELLEN. DANN HAT DER TEIG SCHON NACH CA. 30 MINUTEN SEIN VOLUMEN VERDOPPELT.

Im Ofen getrocknete Tomaten

100 GRAMM

20 MINUTEN ZUBEREITUNG

8–10 STUNDEN TROCKNEN

1 kg reife Tomaten Meersalz Olivenöl

Die Tomaten waschen, halbieren und entkernen. Die Tomatenhälften mit der Schnittfläche nach unten für 10 Minuten auf Küchenpapier legen, damit ein Großteil der Feuchtigkeit aufgesogen wird.

Den Backofen auf 70 °C vorheizen, ein Blech mit Backpapier belegen und die Tomaten mit der Schnittfläche nach oben darauf verteilen. Sie dürfen dabei nicht übereinander liegen! Etwas Meersalz darüberstreuen und die Tomaten in den Ofen schieben. Einen Kochlöffel in die Backofentür klemmen, damit die Feuchtigkeit abziehen kann, und die Tomaten 8–10 Stunden trocknen lassen. Wenn sie sich elastisch anfühlen und keine feuchten Stellen mehr erkennbar sind, herausnehmen und vollständig abkühlen lassen. In Schraubgläsern halten sie ca. 6 Monate.

In Öl eingelegte Tomaten

RICHTIG WÜRZIG WIRD ES, WENN SIE DIE TOMATEN MIT KAPERN, ROSMARIN, KNOBLAUCH UND 1–2 GETROCKNETEN CHILISCHOTEN IN GLÄSER FÜLLEN, MIT OLIVENÖL BEDECKEN UND MINDESTENS 14 TAGE ZIEHEN LASSEN.

Sonnengetrocknete Tomaten

Im Süden Europas werden die Tomaten in der Sonne getrocknet. An heißen Tagen mit geringer Luftfeuchtigkeit geht das auch bei uns: Wählen Sie dafür einen windgeschützten, sonnigen Platz, breiten Sie die Tomaten auf Lochblechen aus und spannen Sie zum Schutz vor Insekten ein Moskitonetz darüber. Holen Sie die Tomaten jeweils nachts ins Haus. Innerhalb von 4–5 Tagen sollten die Tomaten sonnengetrocknet sein.

EIN MELONENKUGELAUSSTECHER EIGNET SICH PERFEKT, UM DIE KERNE SAUBER AUS DEN TOMATEN ZU ENTFERNEN.

Fermentieren

FERMENTIEREN

Ob Kimchi in Südostasien, Cortido in Südamerika oder Sauerkraut bei uns – in der ganzen Welt beherrscht man die Kunst der Fermentation, um Gemüse haltbar zu machen. Auch Milchprodukte wie Käse und Joghurt oder Tofu und Salami entstehen durch diesen Prozess. Bei Tee, Kaffee und Tabak werden durch Fermentation die Gerbstoffe abgebaut, um die entsprechenden Endprodukte genussfertig zu machen. Und auch Bier, Wein und Whisky gehören zu den Ergebnissen des Gärprozesses.

GESUNDER BAUCH FREUT SICH AUCH

In unserem Darm lebt eine enorme Anzahl an Bakterien, die für die Verdauung sorgen. Aber das ist noch nicht alles, denn die Darmflora ist wichtig für unser Immunsystem und beeinflusst sowohl das physische, als auch das psychische Wohlbefinden. Sogenannte probiotische Nahrung mit fermentierten Lebensmitteln kann den Darm wieder ins Gleichgewicht bringen. Sauerkraut, Kimchi und Co. schmecken also nicht nur lecker, sie tun auch viel für unsere Gesundheit.

VERWENDEN SIE ZUM EINLEGEN AM BESTEN GLÄSER MIT BÜGELVERSCHLUSS ODER GUT SCHLIESSENDE SCHRAUBGLÄSER. STELLEN SIE DIE GEFÜLLTEN GLÄSER NICHT EINFACH INS REGAL, SONDERN IN GRÖSSERE GEFÄSSE ODER WANNEN. WÄHREND DER GÄRUNG KANN SICH DIE FLÜSSIGKEIT AUSDEHNEN UND ÜBERLAUFEN.

SAUER MACHT LECKER: DIE MILCHSÄUREGÄRUNG

Die einfachste Form der Fermentation, die in jedem Haushalt ganz einfach zu bewerkstelligen ist, ist die sogenannte Milchsäuregärung. Dazu eignet sich nahezu jedes Gemüse. Sie müssen es nur klein schneiden, mit Meersalz mischen und gründlich stampfen oder verkneten, um die Zellstruktur des Gemüses aufzubrechen. Je kleiner das Gemüse geschnitten wurde, desto kürzer ist die Fermentationszeit. Milchsäurebakterien aus der Luft erledigen alles Weitere: Innerhalb von einigen Tagen kommt ein Prozess in Gang, durch den sich das Gemüse in ein säuerlich schmeckendes neues Produkt verwandelt, in dem alle wichtigen Vitamine und Nährstoffe erhalten sind und das lange haltbar ist. Auf diese Weise legten schon unsere Vorfahren Vorräte an, um sich in der dunklen Jahreszeit ohne Frischgemüse mit lebenswichtigen Vitaminen und Mineralstoffen zu versorgen und gut über den Winter zu kommen.

NATURBELASSENES MEERSALZ IST DIE BESTE WAHL, DA HERKÖMMLICHES HAUSHALTSSALZ MEIST CHEMISCH BEHANDELT WURDE, UM ES RIESELFÄHIG ZU MACHEN. DAS KANN DEN FERMENTATIONSPROZESS STÖREN.

DIE TEMPERATUR MACHT`S

Das mit Salz versetzte Gemüse sollte möglichst dicht und ohne Zwischenräume in Gläser oder Steingutgefäße geschichtet und ganz mit Salzlake bedeckt werden. Ragt Gemüse heraus, besteht Schimmelgefahr! In den ersten 3–4 Tagen sollten Sie die Gläser dann bei kühler Zimmertemperatur lagern (ca. 18 °C). Danach stellen Sie die Gläser am besten in den kühlen Keller (ca. 15 °C). Nach 2–3 Wochen können Sie testweise das erste Glas öffnen. Der Gärprozess schreitet langsam weiter fort; das eingelegte Gemüse bleibt ca. 1 Jahr genießbar.

Klassisches Sauerkraut

5 kg Weißkohl
ca. 60 g Salz

6 GLÄSER (JE 500 ML)
1 STUNDE ZUBEREITUNG
2–3 WOCHEN FERMENTIEREN

Vom Weißkohl 6–8 große Blätter beiseitelegen. Den Rest fein hobeln, in einer großen Schüssel mit dem Salz mischen (nach Geschmack 12–15 g pro kg Kohl) und 10 Minuten beiseitestellen. Inzwischen die Gläser heiß ausspülen.

Den Weißkohl 4–5 Minuten kräftig durchkneten, um die Faserstruktur aufzubrechen. Das Kraut fest in die Gläser stopfen, es dürfen keine Hohlräume bleiben. Die Salzlake, die beim Kneten entstanden ist, darübergießen, sodass das Kraut ganz bedeckt ist. Die übrigen Weißkohlblätter falten, daraufgeben und fest in die Gläser drücken, damit das gehobelte Kraut vollständig mit Lake bedeckt ist.

Die Gläser verschließen und in eine Schüssel stellen. Da während der Gärung Flüssigkeit entweichen kann, wird diese darin aufgefangen. Das Kraut 3–4 Tage bei kühler Zimmertemperatur (ca. 18 °C) stehen lassen, danach 2–3 Wochen an einen kühleren Ort (15 °C sind optimal) stellen. Dann ist das Sauerkraut genussfertig und hält dunkel und kühl gelagert bis zu 1 Jahr.

FÜR EIN WEINSAUERKRAUT GIESSEN SIE NEBEN DER SALZLAKE NOCH 40–50 ML RIESLING AUF DAS KRAUT UND DECKEN ES ANSCHLIESSEND MIT DEN KOHLBLÄTTERN AB.

Spitzkohl mit Karotten und Ingwer

1 kg Spitzkohl wie oben beschrieben vorbereiten. 2 Karotten, 1 säuerlichen Apfel und 1 walnussgroßes Stück Ingwer (ca. 30 g) schälen und grob raspeln. Alles in einer Schüssel mischen und 20 g Salz hinzufügen. Wie beschrieben kneten und in die Gläser drücken. Mit Kohlblättern abdecken, dann verschließen.

Cortido

2 GLÄSER
(JE 500 ML)

30 MINUTEN
ZUBEREITUNG

3–4 WOCHEN
FERMENTIEREN

Mexikanisches Sauerkraut

- 1,5 kg Weißkohl
- 20–25 g Meersalz
- 2 große Karotten
- 1 Zwiebel
- 1 TL brauner Zucker
- 1 TL Chiliflocken
- 1 ½ TL getrockneter Oregano

Vom Weißkohl 2–3 große Blätter beiseitelegen, den Rest fein hobeln. Den Kohl in einer Schüssel mit dem Meersalz mischen, 2–3 Minuten durchkneten und 10 Minuten beiseitestellen.

Inzwischen die Karotten schälen und grob raspeln. Die Zwiebel schälen, halbieren und in feine Streifen schneiden.

Karotten, Zwiebeln, Zucker, Chiliflocken und Oregano unter den Kohl mischen und in 2 Gläser stopfen. Die Salzlake daraufgießen, mit den beiseitegelegten Kohlblättern abdecken und die Gläser verschließen.

Wie für das Sauerkraut (Grundrezept links) beschrieben, fermentieren lassen. Nach 3–4 Wochen zu gegrilltem Fleisch oder mit Pulled Pork (Seite 55) im Sandwich essen. Hält 1 Jahr.

FÜR DAS ORIGINAL WIRD MEXIKANISCHER OREGANO VERWENDET, DER EINE LEICHTE ZITRUSNOTE HAT. WER DEM AROMA SO NAH WIE MÖGLICH KOMMEN MÖCHTE, FÜGT NOCH ½ TL FEIN ABGEZOGENE BIO-ZITRONENZESTEN HINZU.

Radieschen-Kimchi

1 GLAS (400 ML)

40 MINUTEN ZUBEREITUNG

4–5 TAGE FERMENTIEREN

- 400 g Radieschen
- 1 TL Meersalz
- 1 TL Rohrzucker
- 2–3 Frühlingszwiebeln
- 1 walnussgroßes Stück Ingwer
- 1 Knoblauchzehe
- 1 TL Chiliflocken
- 1 EL Fischsauce

Die Radieschen putzen, waschen und in Scheiben hobeln. In einer Schüssel mit Salz und Zucker mischen und 30 Minuten Wasser ziehen lassen.

Inzwischen die Frühlingszwiebeln putzen, waschen und in feine Ringe schneiden. Ingwer und Knoblauch schälen und fein hacken.

Die Radieschen durch ein Sieb abgießen, die entstandene Flüssigkeit (Lake) auffangen. Die Radieschen mit den übrigen Zutaten mischen und fest in ein Glas stopfen, es sollten keine Hohlräume bleiben. Die aufgefangene Lake daraufgießen. Damit das Gemüse immer vollständig mit Lake bedeckt ist, legen Sie einen kleinen Teller darauf und beschweren Sie ihn mit einem Gewicht. Das Glas schließen und die Radieschen bei Zimmertemperatur 4–5 Tage fermentieren lassen.

Im Kühlschrank aufbewahren, dort hält das Kimchi ca. 6 Monate.

DER PERFEKTE VITAMINSPEICHER FÜR DEN WINTER. PROBIEREN SIE AUCH KIMCHI-VARIANTEN MIT GURKE ODER WEISSEN RÜBEN.

Fermentierter Ingwer in Honig

250 g Ingwer
250 ml flüssiger Honig

Den Ingwer schälen und in dünne Scheiben schneiden. In ein sauberes Schraubglas geben. Den Honig mit 2 EL warmem Wasser verrühren, daraufgießen und das Glas schließen. 2–3 Wochen bei Zimmertemperatur durchziehen lassen. Im Kühlschrank aufbewahrt hält der Ingwer in Honig etwa 3 Monate.

1 GLAS (400 ML)
10 MINUTEN ZUBEREITUNG
2–3 WOCHEN FERMENTIEREN

MIT 1 TL FERMENTIERTEM INGWER IN HONIG TÄGLICH, EGAL OB PUR, IM TEE ODER IM SMOOTHIE, GEBEN SIE IHREM IMMUNSYSTEM DIE NÖTIGE POWER.

Sommersmoothie mit Ingwerhonig

Für 2 Gläser à 250 ml das Fruchtfleisch von 1 Cantaloupe-Melone ohne Schale und Kerne würfeln und in den Mixer geben. 2 große weiße Pfirsiche überbrühen, häuten, das Fruchtfleisch vom Stein schneiden und dazugeben. 1 EL fermentierten Ingwer in Honig und 1–2 EL Limettensaft dazugeben und kräftig durchmixen. 4–6 Eiswürfel in 2 Gläser geben, den Smoothie daraufgießen, mit Strohhalmen versehen und sofort genießen.

Salat im Glas

mit Granatapfel & Knoblauch-Crunch

1 GLAS (300 ML)

20 MINUTEN ZUBEREITUNG

SALAT

¼ Granatapfel ¼ Apfel ½ Tomate
4–5 cm Salatgurke 3–4 Blätter Radicchio
5–6 Blätter Romanasalat

PARMESAN-KRÄUTER-DRESSING

1 gekochtes Eigelb 20 g Parmesan, gerieben
50 g Schmand 100 ml Gemüsebrühe
2 EL Zitronensaft 1 TL körniger Dijonsenf
30 g Honig 1 EL kalt gepresstes Rapskernöl
½ Bund Petersilie Salz und Pfeffer

KNOBLAUCH-CRUNCH

2 Knoblauchzehen 5 Scheiben Toast
1 TL mildes Paprikapulver 100 g Butter
grobes Meersalz (Fleur de sel)

20 g Parmesan, gehobelt

Für den Salat den Granatapfel entkernen. Das Apfelstück schälen, entkernen, in feine Würfel schneiden und in Salzwasser legen, damit die Apfelwürfel nicht braun werden. Tomate und Gurke entkernen und in feine Würfel schneiden. Die Salatblätter in Streifen schneiden. Alles in ein Glas schichten, dabei mit den Salatstreifen beginnen und mit den Granatapfelkernen enden.

Für das Dressing Eigelb, Parmesan, Schmand, Gemüsebrühe, Zitronensaft, Senf, Honig, Öl, Petersilie, Salz und Pfeffer in einem hohen Gefäß mit einem Pürierstab mixen.

Für den Crunch den Knoblauch fein hacken. Vom Toastbrot die Rinde abschneiden. Das Brot in ½ cm große Würfel schneiden. Die Butter in einem Topf bei geringer Hitze zerlassen, aber nicht bräunen. Brotwürfel und Knoblauch darin bräunen, dann das Paprikapulver und das Salz hinzufügen. Vom Herd ziehen und abkühlen lassen. Den Crunch in ein Schraubglas füllen. Er reicht für 4 Portionen Salat und hält ca. 2 Wochen.

Zum Mitnehmen das Dressing, den Crunch und den Parmesan separat in kleine Gläschen füllen, direkt vor dem Verzehr zum Salat geben und im geschlossenen Glas durchschütteln.

PROBIEREN SIE DEN SALAT UNBEDINGT AUCH MIT GEBRATENEN HÄHNCHENBRUSTSTREIFEN ODER GEBEN SIE FÜR ORANGEN-CRUNCH STATT KNOBLAUCH UND PAPRIKA ZESTEN VON 1 BIO-ORANGE IN DIE ZERLASSENE BUTTER .

LOW & SLOW - WILD & GEFLÜGEL - BRÜHEN & FONDS - RÄUCHERN & BEIZEN

FLEISCH & FISCH

Hier kommt die gute Nachricht für alle, die dachten, dass man für das beste Pulled-Pork-Sandwich mindestens 12 Stunden mit einem texanischen Cowboy am offenen Feuer Schweinebraten drehen muss. Oder jene, die das Geheimnis für frisch gebeizten Lachs tief versteckt in einem norwegischen Fjord vermuten. Keine Sorge, es ist viel, viel einfacher! Denn mit unseren Lieblingsrezepten rund ums Marinieren, zart Garen, Räuchern, Beizen und Einkochen werden Sie rappzapp zum Leckerschmecker-Lachs-Entdecker & famosen Fleisch-Spießer, versprochen!

PULLED-PORK-SANDWICH
MIT SPITZKOHL-APFEL-COLESLAW

6–8 PORTIONEN

40 MINUTEN ZUBEREITUNG

6 STUNDEN GAREN

1 STUNDE ZIEHEN

PULLED PORK

1,2 kg Schweineschulter ohne Schwarte
2 EL grobkörniger Senf
2 EL Schweineschmalz
1 Zwiebel
1 junge Knoblauchknolle
1 Lorbeerblatt
3 Gewürznelken
½ TL Pimentkörner
1 TL Koriandersamen
Salz und Pfeffer

COLESLAW

500 g Spitzkohl
1 TL Salz
1 TL Zucker
1 säuerlicher Apfel (z. B. Boskop)
3 EL Zitronensaft
3 EL Öl

6–8 kleine Fladenbrote
Barbecuesauce (Seite 146)

Den Backofen auf 120 °C vorheizen. Das Fleisch rundum salzen und mit Senf einreiben. Das Schweineschmalz in einem Bräter erhitzen und den Braten rundherum bei nicht zu starker Hitze 8–10 Minuten anbraten.

Die Zwiebel schälen und in Spalten schneiden. 200 ml Wasser in den Bräter gießen. Zwiebel, Knoblauchknolle und Gewürze dazugeben. Den Schweinebraten kräftig pfeffern und zugedeckt etwa 6 Stunden im Ofen garen, dabei alle 2 Stunden wenden und zwischendurch immer wieder mit dem würzigen Sud übergießen.

Für den Krautsalat den Spitzkohl längs vierteln, den Strunk herausschneiden und die Viertel in feine Streifen schneiden. Mit Salz und Zucker in eine Schüssel geben und 2 Minuten mit den Händen durchkneten. Den Apfel waschen, vierteln und das Kerngehäuse entfernen. Die Viertel grob zum Kohl raspeln. Zitronensaft und Öl dazugeben, durchmischen und zugedeckt mindestens 1 Stunde durchziehen lassen.

Zum Schluss den Deckel vom Bräter abnehmen und den Schweinebraten 10 Minuten bei 220 °C unter dem Backofengrill übergrillen. Das Fleisch herausnehmen, zerzupfen und in eine vorgewärmte Schale geben. Den weichen Knoblauch aus den Zehen drücken und mit ein wenig Bratensaft unter das Fleisch mischen.

Für die Sandwiches die Fladenbrote im Kontaktgrill oder auf dem Toaster kurz anrösten. Aufschneiden und mit Pulled Pork, Barbecuesauce und Spitzkohl-Apfel-Coleslaw füllen.

ASIA-ROASTBEEF
MIT MELONENRELISH

6–8 PORTIONEN

45 MINUTEN ZUBEREITUNG

12 STUNDEN MARINIEREN

1½–2½ STUNDEN GAREN

ROASTBEEF

3 EL helle Sojasauce
1 EL geröstetes Sesamöl
1 TL brauner Zucker
1 walnussgroßes Stück Ingwer
1 Knoblauchzehe
1,2 kg Roastbeef
3 EL neutrales Pflanzenöl (z. B. Rapskernöl)

MELONENRELISH

1 kleine Cantaloupe-Melone
1–2 große rote Chilischoten
2–3 Frühlingszwiebeln
1 Bund Koriandergrün
4 EL Limettensaft
1 TL Zucker
Salz
4 EL neutrales Pflanzenöl (z. B. Rapskernöl)

Für die Marinade Sojasauce, Sesamöl und Zucker verrühren. Den Ingwer schälen und dazureiben. Den Knoblauch schälen und dazupressen. Das Fleisch von Häutchen und Sehnen befreien und rundherum mit der Mischung einreiben. In einen Gefrierbeutel geben und 12 Stunden im Kühlschrank durchziehen lassen. Das Fleisch 2 Stunden vor dem Anbraten aus dem Kühlschrank nehmen, damit es Zimmertemperatur annehmen kann.

Den Backofen samt einer flachen, ofenfesten Form aus Porzellan oder Keramik auf 80 °C (Ober- und Unterhitze) vorheizen. Das Roastbeef aus dem Beutel nehmen und trocken tupfen. Das Öl in einer großen Pfanne (oder einem Bräter) erhitzen und das Fleisch darin von allen Seiten, auch an den Enden, bei mittlerer Hitze 8–10 Minuten anbraten.

Das Roastbeef in die Form setzen und auf der mittleren Ofenschiene garen, dabei nicht zudecken und keine Flüssigkeit angießen. Nach 90 Minuten hat das Fleisch eine Kerntemperatur von etwa 50 °C (blutig), nach 2 Stunden 55–60 °C (durch und durch rosa) und nach ca. 2 ½ Stunden 60–65 °C (zartrosa Kern). Verwenden Sie am besten ein Bratenthermometer.

Für das Melonenrelish die Melone schälen, entkernen und das Fruchtfleisch fein würfeln. Die Chilischote(n) waschen, längs aufschneiden, entkernen und die Hälften fein schneiden. Die Frühlingszwiebeln putzen, waschen und ebenfalls fein schneiden. Das Koriandergrün waschen und trocken schütteln, die Blätter und zarten Stiele fein hacken. Den Limettensaft mit dem Zucker und 1 kräftigen Prise Salz verrühren, bis beide sich aufgelöst haben. Das Öl unterschlagen und alle vorbereiteten Zutaten unterrühren. Bis zum Anrichten zugedeckt kalt stellen. Das Relish wird frisch serviert, es hält 1 Tag.

Das fertige Roastbeef aus der Form nehmen, in dünne Scheiben schneiden und servieren. Mit Niedrigtemperatur gegartes Fleisch braucht keine Ruhezeit.

ROASTBEEF SCHMECKT AUCH KALT SEHR GUT, BESONDERS MIT DER ASIA-MAYONNAISE VON SEITE 143. WICKELN SIE DAS ABGEKÜHLTE ROASTBEEF FEST IN ALUFOLIE UND LEGEN SIE ES IN DEN KÜHLSCHRANK. DORT HÄLT ES SICH 1 WOCHE.

12 PORTIONEN

30 MINUTEN ZUBEREITUNG

1 STUNDE GAREN

48 STUNDEN GEFRIEREN UND RUHEN

WILDTERRINE

MIT SHERRYGELEE-TOPPING

TERRINE

- 800 g Wildgulasch
- 1 EL Wildgewürz (Seite 153)
- 1 Bio-Orange
- 3 Eier (M)
- 250 g rohes Wurstbrät oder rohe Bratwürste
- 250 g Mascarpone
- 2 EL grüne Pfefferkörner (aus dem Glas)
- 1 ½ TL Salz
- 1 TL Pfeffer
- etwas Butter für die Form

SHERRYGELEE-TOPPING

- 3 Blatt weiße Gelatine
- 125 ml Sherry medium (alternativ heller Traubensaft)

Das Wildgulasch in einer Schüssel mit dem Wildgewürz mischen. Die Orange heiß abwaschen und abtrocknen, die Schale mit einem Zestenreißer in feinen Spänen abziehen und 100 ml Saft auspressen. Beides untermischen und zugedeckt 1 Stunde im Tiefkühlfach anfrieren lassen.

Das marinierte Wildfleisch durch die feine Scheibe des Fleischwolfs drehen. Die Eier in einer Schüssel verrühren, Wildfleisch, Wurstbrät, Mascarpone und grünen Pfeffer hinzufügen. Mit Salz und Pfeffer würzen. Alles sorgfältig vermengen.

Den Backofen auf 160 °C vorheizen. Die Terrinenform (alternativ eine Kastenform) ausbuttern, die Fleischmasse einfüllen und glatt streichen. Die Form einige Male kräftig auf die Arbeitsfläche stoßen, damit keine Luftblasen bleiben, und mit dem Deckel oder mit Alufolie abdecken.

Die Terrine in eine große Auflaufform stellen und 4 cm hoch kochendes Wasser angießen. Im heißen Ofen 60–70 Minuten garen. Die Terrine herausnehmen, offen abkühlen lassen und zugedeckt mindestens 24, besser 48 Stunden im Kühlschrank ruhen lassen.

Die Gelatine in kaltem Wasser einweichen. Den Sherry in einem Töpfchen erhitzen, aber nicht kochen lassen. Den Topf vom Herd nehmen, die Gelatine hinzufügen, unter Rühren auflösen, lauwarm abkühlen lassen und über die Terrine gießen. Im Kühlschrank in 2 Stunden fest werden lassen. Die Terrine zum Servieren in Scheiben schneiden. Hält sich 1 Woche.

NICHT JEDER HAT EINEN FLEISCHWOLF – HACKEN SIE DANN DAS MARINIERTE FLEISCH MIT DEM BLITZHACKER IN KURZEN STÖSSEN ODER SCHNEIDEN SIE ES IN FEINSTE WÜRFEL, BIS ES IN ETWA WIE HACKFLEISCH AUSSIEHT. KRÖNEN SIE IHR WERK MIT EINEM FRUCHTIGEN CHUTNEY, Z.B. DEM BIRNENCHUTNEY MIT ROSINEN (SEITE 148).

250 GRAMM
25 MINUTEN ZUBEREITUNG

SCHMALZ MIT GEDÖRRTEM APFEL

- 4–6 getrocknete Apfelringe (Seite 23)
- 100 ml Apfelsaft
- 2 Zwiebeln
- 1 säuerlicher Apfel
- 150 g Schweineschmalz
- 2 Zweige Thymian
- 3 Salbeiblätter
- 1 Lorbeerblatt

Die Apfelringe fein würfeln. In einem kleinen Topf mit dem Apfelsaft aufkochen und bei schwacher Hitze köcheln lassen, bis die Flüssigkeit vollständig verdampft ist. Abkühlen lassen.

Die Zwiebeln schälen und fein schneiden. Den Apfel schälen, das Kerngehäuse entfernen und das Fruchtfleisch fein würfeln.

Das Schmalz in einem Topf schmelzen, die Zwiebeln darin 4–5 Minuten bei mittlerer Hitze goldgelb anbraten. Thymian und Salbei waschen, trocken tupfen und mit dem Lorbeerblatt dazugeben. Die frischen und gekochten Apfelwürfel unterrühren und bei schwacher Hitze 5–8 Minuten mitgaren.

Die Kräuter entfernen, das Apfelschmalz in ein Steingutgefäß oder eine Schale füllen. Abkühlen und im Kühlschrank vollständig aushärten lassen. Hält 1 Monat.

SCHMECKT AUF HERZHAFTEM BAUERNBROT, AM BESTEN MIT ETWAS GROBEM MEERSALZ BESTREUT.

SCHMALZ MIT ÄPFELN, ZWETSCHGEN UND APRIKOSEN

Je 3 getrocknete Pflaumen, Aprikosen und Apfelringe (Seite 23) ca. 10 Minuten in lauwarmem Wasser einweichen. 1 Zwiebel schälen und fein hacken. Die Blättchen von 3 frischen Majoranzweigen fein schneiden. Von 250 g Schweineschmalz 1 EL in einer Pfanne zerlassen und die Zwiebelwürfelchen darin bei schwacher Hitze in ca. 5 Minuten goldgelb braten.
Das eingeweichte Obst ausdrücken, fein würfeln und dazugeben. Das übrige Schmalz hinzufügen und schmelzen lassen. Mit Salz, Pfeffer und Majoran würzen und zum Abkühlen in ein Keramiktöpfchen oder eine Schale gießen. Etwas abgekühlt in den Kühlschrank stellen und in etwa 1 Stunde fest werden lassen, dabei gelegentlich durchrühren.

HÄHNCHEN-SATAY
MIT ERDNUSSSAUCE

HÄHNCHEN-SATAY

- 600 g Hähnchenbrust
- 1 Limette
- 50 g Rohrzucker
- 250 ml Ananassaft
- 1 TL Fischsauce
- 1 EL Erdnussöl
- Holzspieße

ERDNUSSSAUCE

- 1 Limette
- 150 g ungesalzene, geröstete Erdnüsse
- 2 EL helle Sojasauce
- 1 TL Fischsauce
- 2 EL Erdnussöl
- 150 ml Kokosmilch
- 1 EL Zucker
- 1 EL gelbe Currypaste (Seite 140)
- ¼ TL gemahlener Koriander

10–12 SPIESSE

40 MINUTEN ZUBEREITUNG

3–4 STUNDEN MARINIEREN

ANANASSAFT IST IDEAL ZUM MARINIEREN. DAS DARIN ENTHALTENE ENZYM LÄSST DAS FLEISCH ZART WERDEN. AUCH MIT INGWER UND PAPAYA WIRD FLEISCH ZART.

Die Hähnchenbrust gleichmäßig der Länge nach in 2 cm breite Streifen schneiden. Die Limette auspressen. Den Rohrzucker im Ananassaft auflösen. Die Fischsauce und den Limettensaft dazugeben und die Hähnchenstreifen 3–4 Stunden darin marinieren.

Für die Sauce zunächst die Limette auspressen. Die Erdnüsse zusammen mit Sojasauce, Fischsauce, Limettensaft, Erdnussöl und der Kokosmilch im Mixer pürieren.

Den Zucker in einer Pfanne karamellisieren. Die Currypaste dazugeben, kurz rösten und mit 100 ml Wasser ablöschen, bevor das Karamell zu dunkel wird. Köcheln lassen, bis sich das Karamell aufgelöst hat. Vom Herd nehmen. Das Erdnusspüree einrühren und mit Koriander abschmecken.

Die Hähnchenstreifen wellenartig auf Spieße stecken und bei mittlerer Hitze im Erdnussöl braten. Dabei darauf achten, dass keine schwarzen Stellen entstehen! Die Hähnchenspieße mit der Sauce zum Dippen servieren.

KEINE ZEIT? SO GELINGT EINE BLITZ-SATAYSAUCE: 170 G ERDNUSSBUTTER IN EINER PFANNE SCHMELZEN, 150 ML KOKOSMILCH, 2 EL HELLE SOJASAUCE UND DEN SAFT VON 1 LIMETTE EINRÜHREN UND ZUM ABSCHLUSS MIT CAYENNEPFEFFER WÜRZEN.

D08
放弃高三读“高四”

HÜHNER-SUPPE

Die Hühnerbrühe rechts können Sie als Vorrat einfrieren, oder Sie bereiten daraus sofort eine Suppe zu. Der Klassiker ist ein wirksames Mittel bei Erkältung, liefert die nötigen Vitamine und Nährstoffe und stillt dabei auch den erhöhten Flüssigkeitsbedarf.

1 Suppenhuhn (aus der Brühe, siehe rechts)
100 g Suppennudeln   2 Karotten
800 ml Hühnerbrühe (siehe rechts)
250 g TK-Erbsen   Salz und Pfeffer
1 EL gehackte Petersilie

Das Suppenhuhn abkühlen lassen, das Fleisch von Haut und Knochen lösen und in mundgerechte Stücke schneiden. Die Nudeln in gesalzenem Wasser „al dente" kochen, abgießen, kalt abschrecken und abtropfen lassen.

Die Karotten schälen und in Scheiben schneiden. Die Brühe in einem Topf erhitzen und die Karotten darin 3 Minuten kochen lassen. Die Erbsen hinzufügen und die Brühe noch einmal aufkochen. Hühnerfleisch und Nudeln hinzugeben, mit Salz und Pfeffer abschmecken. Die Suppe mit Petersilie bestreut servieren.

FÜR EINE PERFEKTE BRÜHE EIGNET SICH AM BESTEN EIN GUTES SUPPENHUHN. DIE TIERE SIND BEI DER SCHLACHTUNG ÄLTER, DAS FLEISCH IST DADURCH DEUTLICH AROMATISCHER. SETZEN SIE DIE BRÜHE IMMER MIT KALTEM WASSER AN, DAMIT SICH DIE AROMEN VON ANFANG AN ENTFALTEN KÖNNEN.

2 LITER

2 STUNDEN ZUBEREITUNG

HÜHNERBRÜHE

- 1 Suppenhuhn (ca. 1,5 kg)
- 2 Karotten
- 1 Stange Lauch
- ¼ Knollensellerie
- 1 Petersilienwurzel
- 2–3 Zweige Thymian
- 1 Lorbeerblatt
- 1 TL schwarze Pfefferkörner
- 1 Stück Bio-Zitronenschale
- 1 Zwiebel
- Salz

Das Huhn kalt abwaschen und in den Suppentopf legen. Mit etwa 3 l Wasser bedecken. Das Gemüse waschen bzw. schälen, grob würfeln und hinzufügen. Den Thymian waschen und mit Lorbeerblatt, Pfefferkörnern, Zitronenschale (mit dem Sparschäler einen Streifen abschälen) und 1 TL Salz in den Topf geben.

Die Zwiebel ungeschält quer halbieren. Mit den Schnittflächen ohne Fett in einer kleinen Pfanne bei mittlerer Hitze ca. 5 Minuten dunkelbraun anbraten und mit in den Topf geben. Die Brühe aufkochen und ca. 2 Stunden bei schwacher Hitze halb zugedeckt köcheln lassen.

Um eine klare Brühe zu erhalten, den aufsteigenden grauen Schaum zu Beginn abschöpfen. Die Suppe nicht sprudelnd, sondern immer gerade knapp am Siedepunkt köcheln lassen. Das Huhn aus der Brühe nehmen und diese vorsichtig durch ein feines Sieb in Gefrierdosen oder -beutel füllen (es sollen möglichst keine Trübstoffe mit hineingelangen) und vollständig abkühlen lassen. Dann verschließen und tiefkühlen. Für einen konzentrierten Fond als kräftig würzige Grundlage von Saucen die Brühe weitere 2 Stunden auf die Hälfte reduzieren lassen. Hält ca. 6 Monate.

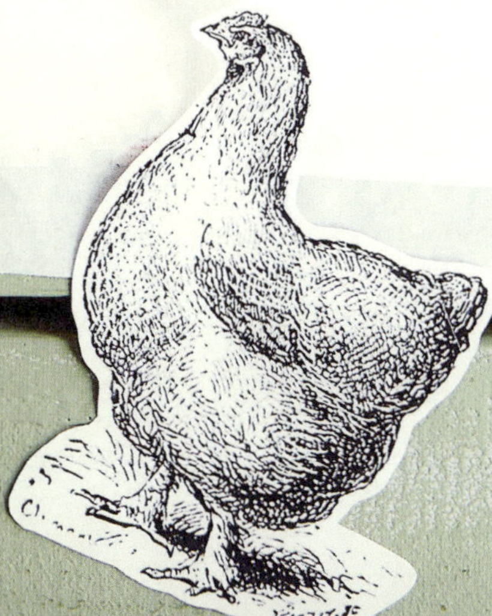

2 LITER

30 MINUTEN ZUBEREITUNG

4½ STUNDEN GAREN

KALBSFOND

- 2 kg Kalbsknochen (an der Fleischtheke bestellen und in Stücke hacken lassen)
- 6 EL Rapskernöl
- 400 g Zwiebeln
- 300 g Karotten
- 300 g Petersilienwurzeln
- 300 g Knollensellerie
- 4 Knoblauchzehen
- 2 Zweige frischer Rosmarin
- 1 Bund frischer Thymian
- 2 EL Tomatenmark
- 600 ml trockener Weißwein
- 1 TL schwarze Pfefferkörner
- 2 Lorbeerblätter

Den Backofen auf 200 °C vorheizen. Die Knochen mit 3 EL Öl in einen großen Bräter geben und im Backofen (Mitte) ca. 20 Minuten braun rösten, dabei einmal wenden.

Die Zwiebeln schälen und grob hacken. Das Gemüse putzen, waschen und grob würfeln. Den Knoblauch ungeschält zerdrücken. Die Kräuter waschen.

Einen großen Suppentopf (mind. 7 l Fassungsvermögen) erhitzen, das übrige Öl hineingeben. Zwiebeln und Gemüse darin bei starker Hitze unter Rühren 4–5 Minuten anbraten. Das Tomatenmark dazugeben und unter Rühren 2 Minuten mitbraten.

Die Knochen aus dem Ofen hinzufügen. Den Bratensatz im Bräter mit dem Wein ablöschen, vom Bräterboden lösen und in den Suppentopf geben. 4 l Wasser, Knoblauch, Kräuter, Pfefferkörner und Lorbeerblätter hinzufügen, einmal aufkochen und 4 Stunden bei schwacher Hitze köcheln lassen.

Den Fond durch ein feines Sieb in einen anderen Topf abgießen, Knochen und Gemüse wegwerfen. Den Fond vollständig abkühlen lassen. Portionsweise (250 ml und 400 ml sind häufig gebrauchte Mengen) in Gefrierbeutel oder -dosen abfüllen, beschriften und tiefgefrieren. Hält ca. 6 Monate.

SELBSTGEMACHTER FOND BRINGT PURES AROMA IN IHRE SAUCEN, SUPPEN ODER INS RISOTTO.

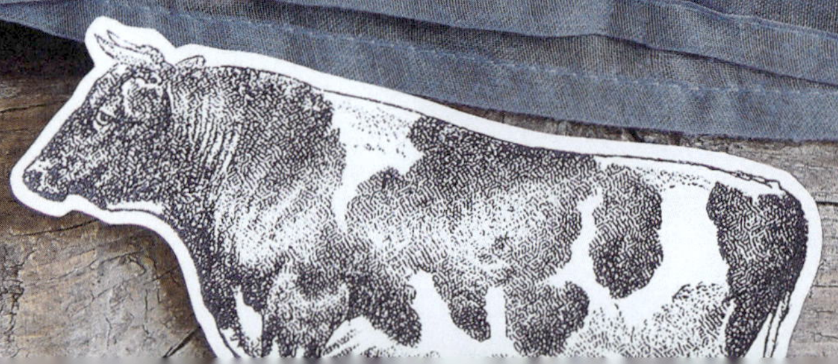

ASIABRÜHE

1 LITER

20 MINUTEN ZUBEREITUNG

2 STUNDEN GAREN

- 2 Hähnchenkeulen
- 4 EL Fischsauce
- 1 Bund Suppengrün (Karotte, Lauch, Knollensellerie, Petersilienwurzel)
- 1 Knoblauchzehe
- 1 walnussgroßes Stück Ingwer
- 1 Stängel Zitronengras
- 2 Frühlingszwiebeln
- 1 getrocknete Chilischote
- 1 Zacke Sternanis
- ½ TL weiße Pfefferkörner
- 1 Stück Bio-Zitronenschale
- 2–3 EL Sojasauce
- 1–2 TL Limettensaft

Die Hähnchenkeulen kalt abwaschen, im Gelenk teilen und mit der Fischsauce und 1,6 l Wasser in einen Topf geben.

Das Suppengrün waschen bzw. schälen und in grobe Stücke schneiden. Mit der angedrückten Knoblauchzehe dazugeben. Den Ingwer schälen und in Scheiben schneiden. Das Zitronengras in Stücke schneiden, weich klopfen und beides dazugeben. Die Frühlingszwiebeln putzen, waschen und den weißen Teil dazugeben (den Rest anderweitig verwenden).

Chilischote, Sternanis, Pfefferkörner und Zitronenschale dazugeben, aufkochen lassen und 2 Stunden knapp am Siedepunkt garen. Abkühlen lassen.

Die Brühe vorsichtig, damit möglichst keine Trübstoffe in die Suppe gelangen, durch ein feines Sieb in einen anderen Topf abgießen. Wieder erhitzen und mit Sojasauce und Limettensaft abschmecken. Wenn Sie Ihre Brühe einfrieren, lassen Sie Sojasauce und Limettensaft noch weg und würzen Sie erst die fertige Suppe damit. Hält sich 4–5 Tage.

FÜR EINE VEGETARISCHE VARIANTE ERSETZEN SIE HÄHNCHENKEULEN DURCH 20 G GETROCKNETE SHIITAKE-PILZE UND SCHMECKEN SIE STATT MIT FISCHSAUCE MIT ENTSPRECHEND MEHR SOJASAUCE AB.

SHOYU-RAMEN

MIT NORI-ALGE UND WERMUT

4 PORTIONEN

1 STUNDE ZUBEREITUNG

- 4 Eier (M)
- 2 Scheiben Schweinebauch
- 2 Noriblätter
- 1 l Hühnerbrühe (Seite 63)
- 5 EL helle Sojasauce
- 2 EL Reisessig
- 2 EL Wermut
- 1 EL Honig
- 1 walnussgroßes Stück Ingwer
- 100 g Ramen- oder Mie-Nudeln
- 1 Karotte
- 60 g Blattspinat
- 2 Frühlingszwiebeln
- 200 g Bambussprossen, abgetropft (aus der Dose)

Die Eier anstechen und in kochendem Wasser etwa 5 ½ Minuten wachsweich kochen. Abschrecken und zum Abkühlen beiseitestellen.

Die Fleischscheiben jeweils in ein Noriblatt wickeln. Die Brühe in einem Topf erhitzen.

Inzwischen Sojasauce, Essig und Wermut verrühren und den Honig darin auflösen. Den Ingwer schälen, fein reiben und dazugeben. Die Mischung in die Brühe rühren, das eingewickelte Bauchfleisch hineinlegen und für 20 Minuten köcheln lassen.

Die Ramen- oder Mie-Nudeln nach Packungsanweisung kochen, abgießen und beiseitestellen. Die Karotte waschen, schälen und in feine Streifen schneiden. Die Spinatblätter putzen, waschen und in feine Streifen schneiden. Die Frühlingszwiebeln waschen und in Ringe schneiden.

Das Fleisch aus der Suppe nehmen und in mundgerechte Stücke schneiden. Das geschnittene Gemüse, die Bambussprossen und das geschnittene Fleisch in die Suppe geben und für 10 Minuten ziehen lassen.

Die gekochten Eier pellen und halbieren. Die Nudeln in Schalen geben, mit der Suppe übergießen und mit den Eiern garnieren.

ERSETZEN SIE DIE HÜHNERBRÜHE DURCH ASIA-BRÜHE (SEITE 65). DIE IST SO WÜRZIG, DASS SIE AUF SOJASAUCE, REISESSIG, WERMUT, HONIG UND INGWER VERZICHTEN KÖNNEN.

教育动态
大学生广告艺术节
THE WORLD'S TOP AESTHETIC LIFESTYLE

FISCH SCHWIMMT GERN – IN MARINADE ODER BEIZE

Fische lassen sich auf unterschiedlichste Weise garen: Braten, Grillen, Dämpfen, Backen und vieles mehr. Eine besonders aromatische Art ist das langsame „kalte“ Garen, das Marinieren oder Beizen. Die Säure der Marinade in Verbindung mit Salz denaturiert das Eiweiß, dadurch fühlt sich der Fisch im Mund gegart an, obwohl er eigentlich noch roh ist.

Diese Methode der Zubereitung sorgt für eine längere Haltbarkeit, erhält die Nährstoffe und gibt dem Fisch gleichzeitig ein frisches Aroma. Fische ändern während des Marinierens auf unterschiedliche Weise ihre Farbe. Lachs zum Beispiel wird heller, Thunfisch verfärbt sich von Rot zu Grau, andere Fische werden hell weiß.

Kalt gegarter Fisch hat in vielen Regionen der Erde Tradition, z. B. in Skandinavien als Graved Lachs mit Salz, Zucker und Dill oder als Ceviche in Mittelamerika. Die klassische Marinade für Ceviche enthält meist Limettensaft, Zwiebeln, Chili, Kräuter, Salz und Pfeffer. Sie wird „Leche de tigre“ (dt. Tigermilch) genannt. Grundsätzlich kann jeder frische Fisch roh verzehrt werden. Wer sichergehen will, kann den Fisch vor dem Marinieren oder Beizen für 24 Stunden einfrieren.

LACHS

Der Tausendsassa unter den Fischen: Ob als Steak, Kotelett, im Ganzen gegart oder als Filet – sein saftiges, festes Fleisch macht sich gut zu Pasta oder im krossen Teigmantel. Auch gebeizt oder geräuchert ist er eine echte Delikatesse.

FORELLE

Eine Bachforelle können Sie sich theoretisch sogar selber fangen, sie kommt in fließenden Gewässern häufig vor. Im Handel erhalten Sie meist Regenbogenforellen. Die Forelle spielt die Hauptrolle in zahlreichen, regionalen Rezepten: Forelle „blau“ oder „Müllerin“ sind die bekanntesten.

FLUSSBARSCH

Der Barsch mag es entspannt, er lebt in stehenden oder schwach fließenden Gewässern in Mitteleuropa und Asien. Als kleineres Exemplar unter den Speisefischen wird er gern frittiert oder gebraten, aber er schmeckt auch als Ceviche.

SEELACHS

Alaska-Seelachs versteckt sich gerne unter einer Panade. Sein festes Fleisch macht ihn dazu besonders geeignet. In seiner beliebtesten Verkleidung heißt er Fischstäbchen, in seiner leckersten hat er die Rolle als Fisch in „Fish & Chips".

THUNFISCH

Thunfisch gehört zu den edelsten Fischen, die das Meer zu bieten hat. Das frische Filet erinnert in Farbe und Konsistenz an Kalbfleisch. Es eignet sich ideal zum Marinieren oder zum kurzen Anbraten.

MAKRELE

Mit ihrem zarten, aromatischen Fleisch, wenigen Gräten und der idealen Größe lässt sich die Makrele perfekt „am Stecken" über dem Lagerfeuer garen, dabei wird sie halb gegrillt, halb geräuchert.

GARNELE

Diese Krustentiere sind zwar keine Fische, werden aber trotzdem gern ähnlich mariniert. Garnelen sind in den unterschiedlichsten Varianten erhältlich: roh oder vorgegart, mit oder ohne Schale. Vor allem aus der asiatischen Küche sind sie nicht wegzudenken. Dort werden sie mit oder ohne Schale gebraten oder gegrillt.

CEVICHE VOM FLUSSBARSCH

4 PORTIONEN

20 MINUTEN ZUBEREITUNG

5 STUNDEN MARINIEREN

- 2 Bio-Limetten
- 1 EL brauner Rohrzucker
- ½–1 TL Koriandersamen
- 1–2 TL Salz
- 2 cl weißer Rum oder Pitú
- 150 g Flussbarschfilets
- 8 Blätter Basilikum
- 1 Avocado
- 1 rote Zwiebel

FÜR CEVICHE KÖNNEN SIE AUCH ANDEREN WEISSFLEISCHIGEN FISCH VERWENDEN.

Für die Marinade 1 Limette waschen, achteln und zusammen mit dem Rohrzucker, den Koriandersamen, dem Salz und dem Rum im Mörser zerdrücken. Alles auf einen Teller geben.

Das Flussbarschfilet unter fließendem kalten Wasser abspülen, trocken tupfen und in mundgerechte Stücke schneiden. In der Marinade wenden und zusammen mit der Marinade auf Frischhaltefolie legen. Die Basilikumblätter in feine Streifen schneiden und auf dem Fischfilet verteilen, mit Folie bedecken und für 5 Stunden im Kühlschrank ziehen lassen.

Die Avocado schälen, entkernen und in Spalten schneiden, die Zwiebel schälen und in Ringe schneiden. Die übrige Limette waschen und in hauchfeine Scheiben schneiden.

Den marinierten Fisch zusammen mit der Marinade, den Avocadospalten, Zwiebelringen und Limettenscheiben servieren.

GARNELEN-CEVICHE

2 PORTIONEN

15 MINUTEN ZUBEREITUNG

4 STUNDEN MARINIEREN

- 8 große TK-Garnelen, aufgetaut
- 1 kleine Chilischote
- 1 EL Koriandergrün
- 1 Bio-Limette
- 15 g Rohrzucker
- 1 TL Salz
- 200 ml Ananassaft
- 100 ml Kokosmilch
- 4 cl brauner Rum

Die Garnelen aus der Schale lösen und längs halbieren, ggf. den Darm entfernen. Die Chilischote klein schneiden, die Korianderblätter fein hacken, die Schale der Limette in feinen Zesten abziehen und den Saft auspressen. Zucker, Salz, Ananassaft, Kokosmilch und Rum in eine Schüssel geben. Chili, Koriander, Limettensaft und -zesten hinzugeben und alles gut verrühren, bis der Zucker sich aufgelöst hat.

Die halbierten Garnelen in die Marinade legen, sodass sie vollständig von Flüssigkeit bedeckt sind, mit Folie abdecken und für 4 Stunden im Kühlschrank ziehen lassen, dann servieren.

SIE MÖGEN GARNELEN LIEBER GEKOCHT? SIE KÖNNEN SIE FÜR 2 MINUTEN IN KOCHENDEM SALZWASSER VORGAREN UND NACH DEM ABKÜHLEN WEITERVERARBEITEN.

GEBEIZTER LACHS

MIT HONIG-DILL-SAUCE

12 PORTIONEN

30 MINUTEN ZUBEREITUNG

48 STUNDEN BEIZEN

GEBEIZTER LACHS

1 frische Lachsseite mit Haut (ca. 1,2 kg)

2 ½ Bund Dill

1 TL rosa Pfefferbeeren

1 TL weiße Pfefferkörner

1 TL Koriandersamen

3 EL Meersalz

1 EL Zucker

HONIG-DILL-SAUCE

4 EL flüssiger Honig

4 EL mittelscharfer Senf

2 EL Crème fraîche

2 EL Zitronensaft

1 EL Meerrettich, frisch gerieben

1 Bund Dill

Salz und Pfeffer

Die Lachsseite kalt abwaschen, mit Küchenpapier trocken tupfen. Mit den Fingerspitzen auf Gräten untersuchen und diese ggf. mit einer Pinzette entfernen.

Den Dill waschen, trocken schütteln und die Spitzen fein hacken. Rosa Pfeffer, weiße Pfefferkörner und Koriandersamen im Möser grob zerstoßen und mit Meersalz, Zucker und Dill mischen.

Den Lachs mit der Hautseite nach unten in eine passende Form legen. Die Dillmischung darauf verteilen, mit Klarsichtfolie abdecken. Den Lachs mit einem Brett und Gewichten (z. B. volle Konserven) beschweren und 48 Stunden im Kühlschrank durchziehen lassen.

Zum Servieren die Gewürzmischung abstreifen, die Lachsseite trocken tupfen und auf ein Servierbrett legen. Mit einem scharfen Messer mit schmaler Klinge, am Schwanzende der Lachsseite beginnend, schräg dünne Scheiben abschneiden. Der Lachs hält sich 4–5 Tage.

Für die Sauce Honig, Senf, Crème fraîche und Zitronensaft verrühren. Den Meerrettich dazugeben. Den Dill waschen, trocken schütteln, die Spitzen abzupfen, fein schneiden und unter die Sauce rühren und mit Salz und Pfeffer abschmecken. Zum gebeizten Lachs servieren.

... ODER MIT ROSA-PFEFFER-KERBEL-JOGHURT

Für diese Sauce 1 Bund Kerbel waschen, trocken schütteln und die dicken Stiele entfernen. Den Kerbel mit 1 EL rosa Pfefferbeeren, 150 g griechischem Joghurt (10 % Fettgehalt), 1 EL Zitronensaft und 1 EL Olivenöl im Mixer (oder einem hohen Gefäß mit dem Pürierstab) aufmixen. Mit Salz, Pfeffer, 1 Prise Zucker und evtl. weiterem Zitronensaft abschmecken.

RÄUCHERN

60 g Salz
4 kleine küchenfertige Forellen (à ca. 250 g)
1 TL getrockneter Rosmarin
1 TL Wacholderbeeren
25 g Buchenholzspäne
Pfeffer (nach Belieben)

4 PORTIONEN
10 STUNDEN MARINIEREN
30 MINUTEN RÄUCHERN

In einem Topf 1 l Wasser aufkochen, das Salz darin auflösen und abkühlen lassen. Die Fische innen und außen kalt abwaschen. In eine Schale legen, die Salzlake darübergießen und die Fische zugedeckt an einem kühlen Ort 10 Stunden durchziehen lassen.

Den Rosmarin und den Wacholder im Mörser grob zerstoßen und mit den Spänen mischen. Einen Wok mit Alufolie auslegen und die Räucherspäne darin verteilen. Ein Kuchengitter mit Alufolie belegen, in den Wok geben und die Alufolie mit einer Gabel mit vielen kleinen Löchern versehen. Die Fische aus der Lake nehmen, trocken tupfen, nach Belieben innen und außen pfeffern und auf die Folie legen.

Den Wok mit einem Deckel schließen und stark erhitzen, bis die Räucherspäne zu rauchen anfangen. Die Hitze reduzieren und die Forellen ca. 30 Minuten räuchern. Zur Garprobe stechen Sie mit einem spitzen Messer an der dicksten Stelle bis zur Mittelgräte: Wenn sich das Filet leicht von der Gräte lösen lässt, ist der Fisch fertig. Die Räucherforellen halten in Butterbrotpapier gewickelt im Kühlschrank 2–3 Tage.

Geräucherte Forellen schmecken lauwarm besonders gut, z. B. mit Sahnemeerrettich und Vollkornbrot.

AM BESTEN RÄUCHERN SIE AUF EINER HERDPLATTE IM FREIEN, AUF DEM BALKON ODER DER TERRASSE. FALLS DAS NICHT MÖGLICH IST, UNBEDINGT DIE KÜCHENTÜR SCHLIESSEN UND DAS FENSTER WEIT ÖFFNEN!

WO GERÄUCHERT WIRD, DA BRAUCHT MAN SPÄNE

Buche, Eiche, Erle, Hickory – nahezu jede Holzart lässt sich zum Räuchern verwenden. Entscheidend ist, dass das Holz lange gelagert und gut getrocknet wurde. Obstbaumhölzer wie Kirsche oder Zwetschge verleihen dem Räuchergut ein ganz eigenes Aroma. Buchenholzspäne hingegen gelten als Allrounder, die sich für alle Räuchergerichte eignen. Sie können Ihre ganz eigene Räuchermischung herstellen, indem Sie neutrales Räuchermehl (Buche oder Eiche) aus dem Anglerbedarf verwenden und mit z. B. je ½ TL zerdrückten Wacholderbeeren und Fenchel- oder Anissamen mischen. Mit Thymian, Orangen- und Zitronenzesten oder Kardamomkapseln wird Ihr Räuchergut zu etwas ganz Besonderem.

AUS DEM RAUCH SCHMECKT UNS AUCH:

Räuchern gibt verschiedenen Lebensmitteln ein ganz besonderes Aroma, die folgenden eignen sich sehr gut. Dabei gilt für jedes Produkt eine bestimmte Räucherzeit. Bei Fisch rechnet man mit 5–8 Minuten Räucherzeit pro Zentimeter Fischrücken.

kleine Makrelen → 250 g, 30–35 Minuten
Lachsfilets → mit Haut, je ca. 125 g, 20–25 Minuten
Eier → wachsweich vorgekocht, ca. 10 Minuten
Tofu → 100-Gramm-Scheiben, ca. 15 Minuten
Käse → z. B. Mozzarella, 100-Gramm-Kugel, ca. 20 Minuten
Blumenkohl → in Scheiben, 8–10 Minuten
Champignons → 6–8 Minuten

Sie können auch Salz räuchern, allerdings nicht allein: Stellen Sie ein Schälchen Meersalz z.B. mit in den Wok, wenn Sie Eier oder Tofu räuchern. Das Salz braucht ein wenig Luftfeuchtigkeit, um nicht zu verbrennen. Perfekt zu Steaks oder zum Aromatisieren von Barbecuesaucen.

FRISCHE FORELLENRILLETTE
AUF CROSTINI

20 STÜCK

15 MINUTEN ZUBEREITUNG

30 MINUTEN ZIEHEN

- 125 g Räucherforellenfilets (Seite 74)
- 2 Bio-Zitronen
- 100 g Meersalzbutter (Seite 92)
- 1 TL mittelscharfer Senf
- 1 TL Meerrettich, frisch gerieben
- 1 Bund Dill
- Salz und Pfeffer
- 1 Baguette

Die Forellenfilets fein zerpflücken. 1 Zitrone heiß abwaschen, abtrocknen und ½ TL feine Zesten mit dem Zestenreißer abziehen. Anschließend den Saft auspressen, 2 EL mit den Zesten verrühren und auf dem Fisch verteilen. 30 Minuten zugedeckt im Kühlschrank durchziehen lassen.

Mit dem Handrührgerät die Meersalzbutter mit Senf und Meerrettich schaumig rühren. Den Fisch untermengen.

Die Hälfte des Dills waschen, trocken schütteln, die Spitzen fein schneiden und unterrühren. Mit etwas Salz, Pfeffer und Zitronensaft würzig abschmecken.

Den Backofen auf 200 °C vorheizen, ein Blech mit Backpapier belegen. Das Baguette in 20 Scheiben schneiden und diese im Ofen von jeder Seite 3–4 Minuten rösten.

Die zweite Zitrone waschen, abtrocknen und feine Zesten abreiben. Die Baguettescheiben aus dem Ofen nehmen, noch warm mit Forellenrillette bestreichen und mit Dillspitzen und Zitronenzesten garniert servieren. Die Rillette hält sich 4–5 Tage.

FISH & CHIPS

1 PORTION

50 MINUTEN ZUBEREITUNG

SÜSSKARTOFFELPOMMES

- 500 g Süßkartoffeln
- 3 EL Rapsöl
- 1 TL grobes Meersalz
- Pfeffer
- 1 TL edelsüßes Paprikapulver
- 2 EL Polenta

PANIERTES FISCHFILET

- 20 g Pumpernickel, getrocknet
- ½ TL Koriandersamen
- 60 g Semmelbrösel
- 2 Eier (M)
- 30 g Mehl
- 150 g Seelachsfilet
- Salz
- 2 EL Butterschmalz

SWEET-SOUR-SAUCE

- ¼ reife Mango
- 6 EL Weißweinessig
- 2 EL Sojasauce
- 4 EL Ananassaft
- Saft von 1 Limette
- 6 EL Rohrzucker
- Salz
- Tabasco
- 1 TL Speisestärke

Den Backofen auf 220 °C vorheizen. Die Süßkartoffeln schälen und in 1 cm dicke Scheiben, dann in fingerdicke Streifen schneiden. In einer Schüssel Süßkartoffeln, Öl, Salz, Pfeffer, Paprikapulver und Polenta vermischen.

Ein Backblech mit Backpapier auslegen und die Pommes darauf verteilen. Im heißen Ofen ca. 20 Minuten backen. Sie sollen nicht zu dunkel werden.

Für die Panade den Pumpernickel zerbröseln. Mit den Koriandersamen in einem Mörser verreiben und mit den Semmelbröseln mischen. Die Eier in einer Schüssel verquirlen. Das Mehl und die Bröselmischung jeweils auf einen Teller geben. Das Fischfilet unter fließendem Wasser waschen, trocken tupfen, dann salzen.

Den Fisch zuerst im Mehl wenden, dann im Ei und zuletzt in den Bröseln wälzen und diese leicht andrücken. Das Schmalz in einer Pfanne schmelzen und den panierten Fisch darin ausbraten.

Für die Sauce die Mango schälen und in kleine Stückchen schneiden. Alle Flüssigkeiten (ohne den Tabasco) mischen. Den Zucker in einer Pfanne schmelzen und mit dem Gemisch ablöschen. Abgedeckt köcheln lassen, bis sich das Karamell aufgelöst hat. Mit Salz und etwas Tabasco abschmecken. Die Speisestärke in 3 EL kaltem Wasser vollständig auflösen. Die Sauce mit der Stärke binden und die Mango einrühren. Den Fisch mit Pommes und der Sauce servieren.

JOGHURT - KEFIR - FRISCHKÄSE - BUTTER - REIS- & MANDELMILCH

MILCHPRODUKTE

Wo bekommt man denn bitte sehr Himbeer-Granatapfel-Kefir? Oder Brie de luxe mit Walnüssen? Na, in Ihrem Kühlschrank, gleich neben der hausgemachten Mango-Orangen-Butter! Das glauben Sie nicht? Dann begleiten Sie uns auf den nächsten Seiten doch einfach durch die weiße Wunderwelt der selbst angesetzten, abgeseihten oder aufgerührten Milchprodukte. Sie müssen ja nicht gleich einen Butterberg bauen – aber so ein kleines Joghurt-Juchhu! rutscht Ihnen bestimmt heraus. Und keine Sorge, die Einzige, die bei den Arbeitsschritten blass wird, ist die vegane Mandelmilch!

JOGHURT, KEFIR, QUARK UND CO.

Etwa 17 kg **JOGHURT** isst jeder von uns im Schnitt pro Jahr. Da liegt es doch nahe, das leckere Sauermilchprodukt auch mal selbst herzustellen, denn das ist viel leichter als Sie denken. Alles was Sie dazu brauchen, ist lediglich frische Milch und einen Joghurt mit lebenden Joghurtkulturen. Das sind Bakterien, die der Milch zugesetzt werden, um sie gerinnen zu lassen und in neuen Joghurt zu verwandeln. Von diesem selbstgemachten Joghurt können Sie eine kleine Menge zurückbehalten und damit gleich die nächste Portion ansetzen. Wie das genau funktioniert, erfahren Sie auf Seite 82. Mit frischen Früchten, Nüssen und nach Belieben etwas Honig oder Agavendicksaft zaubern Sie daraus Joghurt, der schmeckt und garantiert ohne künstliche Aromen auskommt.

MILCHKEFIR ist in seiner Herstellung etwas komplizierter. Man braucht dazu eine Kefirknolle. Diese hat eine gummiartige Konsistenz, das Aussehen von Blumenkohlröschen und besteht unter anderem aus Bakterien und Hefen. Die Kefirknolle setzt in der Milch einen Gärungsprozess in Gang, der diese innerhalb von einigen Tagen in ein erfrischendes, säuerliches Getränk verwandelt. Der fertige Kefir lässt sich mit fast jeder Frucht zu einem leckeren Drink aufmixen. Bedenken sollten Sie nur, dass einige Früchte wie Ananas, Kiwi und Papaya Eiweiß zersetzende Enzyme enthalten, die Milchprodukte schnell bitter schmecken lassen. Milchmixgetränke mit diesen Früchten müssen deshalb sofort getrunken werden! Alle Arten von Beeren, Pfirsiche, Aprikosen, Mangos u.v.m. aber sind unbegrenzt einsetzbar. Übrigens: Beim Gärungsprozess entsteht ein wenig Alkohol, weshalb Kefir für Kinder tabu sein sollte.

„RICOTTA“ ist italienisch für „wieder gekocht“, was auf das Herstellungsverfahren verweist: Für den italienischen Frischkäse wird die bei der Käseherstellung anfallende Molke erhitzt und mit Zitronensäure versetzt. Dadurch trennen sich die darin noch verbliebenen Eiweißbestandteile von der Flüssigkeit, schwimmen obenauf und können abgeschöpft werden. Ricotta schmeckt ähnlich neutral wie Quark und eignet sich zum Backen ebenso wie als Basis für süße und pikante Brotaufstriche.

FRISCHKÄSE wird industriell ähnlich wie Quark hergestellt. Es gibt aber auch eine unkomplizierte Variante für zu Hause: Dazu kochen Sie Milch auf, fügen Zitronensaft hinzu und warten, bis das Ganze ausflockt. Dann seihen Sie die Flocken ab und pressen die übrige Molke heraus. So stellt man beispielsweise in Indien den Frischkäse Paneer her, der dort in einer Vielzahl von vegetarischen Gerichten zum Einsatz kommt.

QUARK entsteht, wenn man frische Milch mit Milchsäurebakterien oder Lab versetzt und so zum Gerinnen bringt. Dabei trennen sich die festen Bestandteile von der Molke. Dieser sogenannte Käsebruch wird mehrmals durch immer feinere Siebe passiert. Durch Zugabe von Sahne bestimmt man den Fettgehalt: 10 % Fett in der Trockenmasse bei Magerquark, 20 bzw. 40 % bei den reichhaltigeren Sorten.

Haben Sie schon mal selber gebuttert? Das macht Spaß und ist die perfekte Verwertungsmöglichkeit für übrig gebliebene Sahne. Wenn Sie dazu süße Sahne verwenden, entsteht **SÜSSRAHMBUTTER**. Die etwas herzhaftere **SAUERRAHMBUTTER** gewinnen Sie aus bereits sauer gewordener Schlagsahne. Mit Meersalz, Gewürzen, frischen Kräutern und vielem mehr lässt sich daraus im Nu ein ganz individueller Brotaufstrich machen.

VERWENDEN SIE ZUR ZUBEREITUNG VON JOGHURT, FRISCHKÄSE & CO. AUSSCHLIESSLICH FRISCHE VOLLMILCH. H-MILCH IST UNGEEIGNET!

JOGHURT

Dieses frische, leichte und vielfältige Milchprodukt entsteht, wenn der Milchzucker in der Milch durch Anreicherung mit Bakterienkulturen zu Milchsäure vergoren wird. Die Milch gerinnt dadurch und wird cremig. Je nach verwendetem Bakterienstamm schmeckt der Joghurt mehr oder weniger säuerlich und ist stichfest oder eher cremig. Verwenden Sie zum Ansetzen also am besten Ihre Lieblingssorte! Am einfachsten funktioniert es in speziellen Joghurtbereitern, Sie können Ihren Joghurt aber auch im Backofen zubereiten.

JOGHURT ANSETZEN

6 GLÄSER (JE 150 ML)

40 MINUTEN ZUBEREITUNG

12 STUNDEN GÄREN

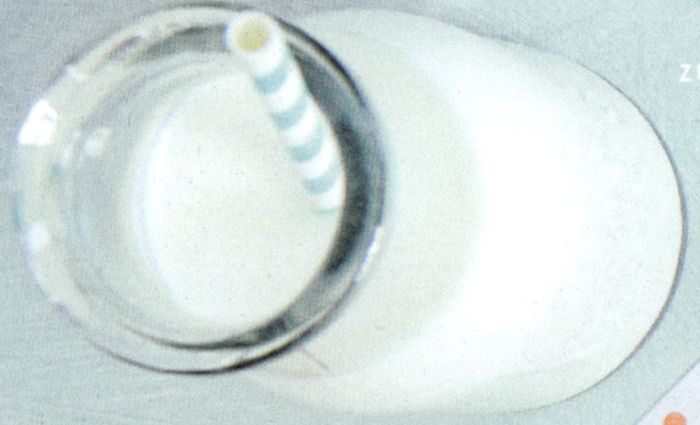

1 l frische Vollmilch

2 EL probiotischer Joghurt

Die Milch bis knapp unter dem Siedepunkt erhitzen (max. 90 °C, mit dem Küchenthermometer prüfen) und auf 50 °C abkühlen lassen. Den Joghurt unterrühren und die Mischung in vorgewärmte Gläser füllen.

Den Backofen auf 50 °C vorheizen. Die Gläser mit Deckeln verschließen, auf ein Backblech stellen und in den Ofen schieben. Nach 30 Minuten den Ofen ausschalten und die Gläser 12 Stunden im Ofen ruhen lassen.

Die Gläser in den Kühlschrank stellen. Jetzt ist der Joghurt fertig. Er hält im Kühlschrank 3–4 Tage.

Behalten Sie 2 EL vom selbstgemachten Joghurt zurück – damit können Sie gleich die nächste Portion ansetzen.

JOGHURT MIT PROBIOTISCHEN KULTUREN IST IM KÜHLREGAL ALS SOLCHER STETS AUSGEWIESEN. WÄRMEBEHANDELTE JOGHURTS ENTHALTEN KEINE LEBENDEN KULTUREN MEHR.

FRÜHSTÜCKSBOWL

MIT BROMBEEREN

PROBIEREN SIE JEDEN MORGEN EINE ANDERE TOLLE KOMBINATION VON AROMEN, Z. B. PFIRSICH MIT RHABARBER ODER HIMBEEREN MIT EINEM HAUCH KARDAMOM.

1 PORTION

15 MINUTEN ZUBEREITUNG

- 20 g Amaranth
- 20 g Haselnüsse
- 2 Feigen
- 80 g Brombeeren
- 200 g Joghurt (siehe links)
- 1 TL Honig

Den Amaranth ohne Öl in eine heiße Pfanne geben, den Deckel aufsetzen und den Amaranth puffen lassen. Den Deckel ein wenig anheben, damit er nicht zu heiß wird.

Wenn der Amaranth gepufft und ein wenig braun geworden ist, die Pfanne beiseitestellen, den Amaranth in ein Sieb geben und die nicht aufgegangenen Körner aussieben.

Die Haselnüsse hacken und ohne Öl kurz anrösten. Sie sind fertig, wenn sie zu duften beginnen.

Die Feigen waschen, sie müssen nicht unbedingt geschält werden. Eine Feige würfeln, die andere in Spalten schneiden. Die Brombeeren waschen und die Hälfte zusammen mit dem Joghurt und dem Honig mixen. $^2/_3$ des Amaranths und die Feigenwürfel unter den Joghurt rühren.

Den Joghurt in eine Schale geben und garnieren. Dazu z. B. in einzelnen Streifen die Feigenscheiben und die übrigen Brombeeren auflegen. Dann streifenweise den übrigen gepufften Amaranth und die Haselnüsse aufstreuen.

KEFIR

MILCHKEFIR

FÜR ANFÄNGER

In einem sauberen Gefäß (z. B. einer Milchflasche) 250 ml gekauften Kefir mit 250 ml Milch mischen und 24 Stunden bei Zimmertemperatur gären lassen. Den fertigen Kefir im Kühlschrank aufbewahren, dort hält er 3–4 Tage.

FÜR PROFIS

4 PORTIONEN

5 MINUTEN ZUBEREITUNG

1–2 TAGE GÄREN

800 ml frische Vollmilch

3 EL Kefirpilz (auch Kefirknolle genannt)

Die Milch einige Zeit vor der Zubereitung aus dem Kühlschrank nehmen, damit sie Zimmertemperatur annehmen kann. Die Kefirknolle in ein sauberes Gefäß (z. B. eine Milchflasche) geben und die Milch daraufgießen.

Das Gefäß abdecken, aber nicht luftdicht verschließen, und die Milch 1–2 Tage bei Zimmertemperatur gären lassen. Je länger der Kefir gärt, desto säuerlicher wird er. Also nach 24 Stunden probieren und evtl. weitergären lassen oder, wenn er Ihren Geschmack schon trifft, den Kefir durch ein Plastiksieb in eine Flasche abseihen.

Die im Sieb aufgefangene Kefirknolle mit lauwarmem Wasser abspülen, in ein sauberes Schraubglas geben und mit Milch bedeckt im Kühlschrank aufbewahren. Den fertigen Kefir im Kühlschrank aufbewahren, dort hält er 3–4 Tage.

HIMBEER-GRANATAPFEL-KEFIR

100 g Himbeeren und den ausgepressten Saft von 1 kleinen Granatapfel mit 400 ml gut gekühltem Kefir in den Mixer geben. Einige Bio-Orangenzesten und 1 Messerspitze gemahlene Vanille dazugeben und gut durchmixen. In 2 Gläser füllen und servieren.

FRISCHKÄSE
SELBST ANSETZEN

- 250 g Quark (20 % Fett)
- 200 g Vollmilchjoghurt
- 200 g Sahne
- Salz

450 GRAMM

5 MINUTEN ZUBEREITUNG

48 STUNDEN ABTROPFEN

Ein Sieb mit einem Stoffküchentuch auslegen und über eine Schüssel hängen. Den Quark mit dem Joghurt und 1 Prise Salz in einer Schüssel verrühren.

Die Sahne halbsteif schlagen und sorgfältig unter die Quarkmischung rühren. In das Sieb füllen und die Tuchecken darüberlegen. Für 48 Stunden in den Kühlschrank stellen, gelegentlich die abfließende Molke abgießen. Der fertige Frischkäse hält sich im Kühlschrank 4–5 Tage.

Den Frischkäse nach Wunsch mit Schnittlauch und Pfeffer verfeinern. Schmeckt ausgezeichnet auf Sauerteigbrot (Seite 119) oder Vollkornbrot.

Für eine süße Variante statt Salz 1 EL Zucker und das ausgekratzte Mark von ½ Vanilleschote unter die Quarkmischung rühren. Schmeckt mit Konfitüre gut zu Brioche oder den Vanille-Muskat-Scones von Seite 123.

DAS KÜCHENTUCH MUSS SAUBER UND GERUCHSNEUTRAL SEIN, DARF ALSO NICHT MIT PARFÜMIERTEM WASCHMITTEL ODER WEICHSPÜLER BEHANDELT WORDEN SEIN!

PANEER
INDISCHER FRISCHKÄSE

- 2 l Vollmilch
- 2 Zitronen
- ¼ TL Salz

250 GRAMM

10 MINUTEN ZUBEREITUNG

4 STUNDEN ABTROPFEN

Die Milch in einem Topf zum Kochen bringen. Die Zitronen auspressen. Den Zitronensaft und das Salz in die Milch einrühren, sodass die festen Bestandteile ausflocken. In ein feines Sieb abgießen und den Käsebruch mit kaltem Wasser überbrausen.

Den Käsebruch in ein Stoffküchentuch geben und sehr gut auspressen. Samt Küchentuch in ein Sieb geben, mit einem Gewicht beschweren und ca. 4 Stunden über einer Schüssel abtropfen lassen. Danach ist der Paneer fertig zur Weiterverarbeitung. Er hält im Kühlschrank 2–3 Tage.

2 VORSPEISEN-PORTIONEN

15 MINUTEN ZUBEREITUNG

CHILI-PANEER-WÜRFEL
MIT SPINAT

- 400 g Babyspinat
- 250 g Paneer (siehe links)
- 1 Zwiebel
- 1 walnussgroßes Stück Ingwer
- 1 Knoblauchzehe
- ½–1 große grüne Chilischote
- 2 EL Ghee (siehe unten)
- ½ TL gemahlener Kreuzkümmel
- ½ TL gemahlener Koriander
- ¼ TL Kurkuma (Gelbwurz)
- 4 EL Sahne
- Salz
- Fladenbrot zum Servieren

Den Spinat waschen und verlesen. Tropfnass mit 1 Prise Salz in einen Topf geben und zugedeckt in 3–4 Minuten zusammenfallen lassen. In ein Sieb abgießen und abtropfen lassen. Den Paneer in 1 cm große Würfel schneiden.

Zwiebel, Ingwer und Knoblauch schälen und fein hacken. Die Chili waschen, längs aufschneiden und die Kerne entfernen, die Hälften fein schneiden.

Das Ghee in einer Pfanne erhitzen. Zwiebel, Knoblauch und Ingwer darin bei mittlerer Hitze in 4–5 Minuten goldgelb anbraten. Chili und Gewürze dazugeben und 1 Minute mitbraten. Die Paneerwürfel dazugeben und 2 Minuten anbraten.

Spinat und Sahne hinzufügen, alles zugedeckt 3–4 Minuten bei schwacher Hitze schmoren lassen. Mit Salz abschmecken und mit Fladenbrot servieren.

FÜR DAS INDISCHE „GHEE“ 250 G BUTTER IN EINEM TOPF SCHMELZEN UND BEI SCHWACHER HITZE CA. 45 MINUTEN KÖCHELN LASSEN. SO VERDAMPFT DAS WASSER UND DAS MILCHEIWEISS SETZT SICH AM BODEN AB. DAS GOLDGELBE GHEE OHNE DEN BRAUNEN BODENSATZ ABSCHÖPFEN UND IN EIN SCHRAUBGLAS FÜLLEN. DURCH ENTFERNUNG VON WASSER, MILCHEIWEISS UND MILCHZUCKER LÄSST SICH GHEE STÄRKER ERHITZEN ALS BUTTER UND EIGNET SICH SEHR GUT ZUM BRATEN UND DÜNSTEN VON GERICHTEN MIT FLEISCH, GEMÜSE UND HÜLSENFRÜCHTEN. HÄLT IM KÜHLSCHRANK CA. 6 MONATE.

400 GRAMM

15 MINUTEN ZUBEREITUNG

1 STUNDE MARINIEREN

ZWIEBEL-FRISCHKÄSE-DIP

- 1 Bio-Limette
- 2 rote Zwiebeln
- 250 g Frischkäse
- ½ TL rosa Pfefferbeeren
- 1 Beet Kresse
- Salz und Pfeffer

Die Hälfte der Limettenschale in feinen Zesten abreiben, den Saft auspressen. Zwiebeln fein würfeln. Mit Limettensaft vermischen und 1 Stunde zugedeckt stehen lassen.

Frischkäse, rosa Pfefferbeeren und Limettenschale verrühren. Zwiebeln untermischen. Kresse vom Beet schneiden und darüberstreuen. Mit Salz und Pfeffer würzen.

400 GRAMM

15 MINUTEN ZUBEREITUNG

CRANBERRY-NUSS-CREME

- 70 g Macadamianüsse
- 80 g getrocknete Cranberrys
- 1 Prise Zimt
- 1 TL schwarze Pfefferkörner
- 250 g Frischkäse (Seite 86)
- ½ TL mildes Chilipulver
- Salz

Den Backofen auf 170 °C Umluft vorheizen. Die Macadamianüsse hacken und in ca. 10 Minuten braun rösten. Während die Nüsse abkühlen, die Cranberrys klein schneiden und den Pfeffer mörsern. Nüsse, Cranberrys, Zimt und Pfeffer mit dem Frischkäse verrühren, mit Chilipulver und Salz abschmecken.

350 GRAMM

25 MINUTEN ZUBEREITUNG

SCHAFSKÄSE-RATATOUILLE

- 30 g gelbe Paprika
- 30 g rote Paprika
- 1 Tomate
- 50 g Zucchini
- 50 g Aubergine
- ½ Knoblauchzehe
- 3 EL Olivenöl
- 1 EL Balsamicoessig
- 120 g Schafskäse
- 150 g griechischer Joghurt
- Salz und Pfeffer

Das Gemüse waschen. Paprika, Tomate und Zucchini entkernen und fein würfeln. Die Aubergine fein würfeln. Den Knoblauch schälen und hacken. Das ganze Gemüse in einer Pfanne mit 2 EL Olivenöl anbraten. Wenn es etwas Farbe angenommen hat, mit dem Balsamicoessig ablöschen und beiseitestellen. Jetzt den Schafskäse mit dem Joghurt in eine Schüssel geben und mit dem restlichen Olivenöl pürieren. Wenn das Gemüse etwas abgekühlt ist, ebenfalls in die Schüssel geben, gut verrühren und mit Salz und Pfeffer abschmecken.

280 GRAMM

15 MINUTEN ZUBEREITUNG

SCHAFSKÄSE-DATTEL-MANDEL-DIP

- 70 g Schafskäse
- 40 g blanchierte Mandeln
- 1 Zweig Rosmarin
- 2 TL Olivenöl
- 100 g Sauerrahm
- 70 g getrocknete Datteln, entsteint
- ½ TL Currypulver
- Salz

Den Schafskäse zerbröseln. Die Mandeln hacken. Den Rosmarin waschen und trocken schütteln, dann die Blätter abzupfen und hacken. Das Öl in einer Pfanne erhitzen. Die Mandeln kurz in der Pfanne bräunen, den Schafskäse dazugeben, ebenso den gehackten Rosmarin, und gut durchrühren. Sobald die Mandeln duften, vom Herd nehmen und in eine Schüssel geben.

Die Datteln klein schneiden, mit dem Sauerrahm in die Schüssel geben, mit Currypulver und Salz würzen und gut vermengen.

BRIE DE LUXE

MIT WALNUSSFÜLLUNG

12 PORTIONEN

25 MINUTEN ZUBEREITUNG

12 STUNDEN RUHEN

- 120 g Walnüsse
- ½ Bund Petersilie
- ½ Bund Koriandergrün
- 2 Knoblauchzehen
- ¼ TL Koriandersamen
- ¼ TL Chiliflocken
- Salz
- 1 Tortenbrie (ca. 800 g)

Die Walnüsse grob zerkleinern. Petersilie und Koriandergrün waschen und trocken schütteln, die Blätter grob hacken. Den Knoblauch schälen und fein hacken. Alles mit Koriandersamen und Chiliflocken in einem großen Mörser zerstoßen (oder in einem Mixer nicht zu fein pürieren). Mit Salz abschmecken.

Den Brie quer halbieren. Die Füllung auf der unteren Käsehälfte verteilen. Die obere Hälfte daraufgeben und gut andrücken. Fest mit Klarsichtfolie umwickeln und 12 Stunden im Kühlschrank ruhen lassen. Hält 1 Woche.

MIT APRIKOSEN-MANDEL-FÜLLUNG

12 PORTIONEN

25 MINUTEN ZUBEREITUNG

12 STUNDEN RUHEN

- 8–10 getrocknete Aprikosen (Seite 23)
- Saft von 1 Orange
- 120 g Mandelstifte
- ½ Bund Thymian
- Pfeffer
- 1 Tortenbrie (ca. 800 g)

Die getrockneten Aprikosen fein würfeln. Mit dem Orangensaft aufkochen und einkochen lassen, bis alle Flüssigkeit verdampft ist. Die Mandelstifte in einer Pfanne ohne Fett hell rösten. Abkühlen lassen. Den Thymian waschen, trocken schütteln und die Blättchen fein schneiden. Mandeln und Aprikosen im Blitzhacker mittelfein zerkleinern. Den Thymian untermischen, kräftig pfeffern.

Den Brie quer halbieren. Die Füllung auf der unteren Käsehälfte verteilen. Die obere Hälfte daraufgeben und gut andrücken. Fest mit Klarsichtfolie umwickeln und 12 Stunden im Kühlschrank ruhen lassen. Hält 1 Woche.

NEHMEN SIE DEN KÄSE MINDESTENS EINE, BESSER ZWEI STUNDEN VOR DEM SERVIEREN AUS DEM KÜHLSCHRANK, DENN BEI ZIMMERTEMPERATUR ENTFALTET ER SEIN VOLLES AROMA.

BUTTER
HANDGEMACHT

150 GRAMM
30 MINUTEN ZUBEREITUNG

500 g Sahne
Eiswürfel

Die Sahne in eine Rührschüssel geben und in etwa 1 Stunde Zimmertemperatur annehmen lassen.

Mit dem Handrührgerät aufschlagen, bis zuerst Schlagsahne entsteht. Weiterschlagen, bis sich Butterflöckchen bilden, die sich schließlich zu einem Klumpen verbinden. Die Buttermilch abgießen, man kann sie auch trinken.

Eine Schüssel mit Eiswasser füllen. Den Butterklumpen hineingeben und kräftig kneten, um die Buttermilchreste auszuwaschen. Das Eiswasser zwei- bis dreimal wechseln und weiterkneten, bis das Wasser klar ist und die Butter eine homogene Konsistenz hat. Die fertige Butter in Pergamentpapier wickeln und im Kühlschrank aufbewahren, dort hält sie sich etwa 1 Woche.

MEERSALZBUTTER

Einfach ½ TL Meersalz unter die Butter kneten. Meersalzbutter verfeinert das gute alte Butterbrot und schmeckt besonders gut auf Baguette.

BACKEN SIE DOCH AUCH MAL BROWNIES MIT MEERSALZ- STATT MIT NORMALER BUTTER FÜR EIN LEICHT SALZIGES AROMA.

FENCHEL-HONIG-INGWER-BUTTER

2 TL Fenchelsamen in einem Pfännchen ohne Fett bei schwacher Hitze rösten. Abkühlen lassen und im Mörser fein zerstoßen. 1 walnussgroßes Stück Ingwer schälen und fein reiben. Beides mit 1 EL Honig unter 150 g weiche Butter rühren und mit Salz abschmecken. Passt sehr gut zu Karotten, Fisch und Jakobsmuscheln.

RUCOLA-KNOBLAUCH-BUTTER

1 kleines Bund Rucola waschen, trocken schütteln und ohne die groben Stiele fein schneiden. 2 junge Knoblauchzehen schälen, fein hacken, 1 Prise Salz dazugeben und mit dem Messerrücken zu feinem Mus zerreiben. Beides unter 150 g weiche Butter rühren. Mit einigen Bio-Zitronenzesten, Pfeffer und 1 kleinen Prise Zucker abschmecken. Eignet sich gut als Füllung für ein pikantes Pull-Apart-Bread (Seite 127) und als Ergänzung zu gegrillten Schweinesteaks oder Lammkoteletts.

MANGO-ORANGEN-BUTTER

2 EL Mangochutney und 2 EL Orangensaft unter 150 g weiche Butter rühren. Einige Bio-Orangenzesten dazugeben und mit Salz und Cayennepfeffer abschmecken. Passt ausgezeichnet zu Hähnchen- oder Putenschnitzel.

PFLANZENMILCH – GESUND UND LECKER

Ob Sie wegen einer Laktoseintoleranz auf Kuhmilch verzichten müssen oder als Veganer eine pflanzliche Alternative suchen – mittlerweile gibt es viele pflanzliche „Milch"-Produkte. Soja-, Reis-, Hafer-, Mandel- und Nussmilch können entweder fertig gekauft oder ganz einfach selber hergestellt werden.

SOJAMILCH

1 FLASCHE (750 ML)

30 MINUTEN ZUBEREITUNG

24 STUNDEN EINWEICHEN

Weichen Sie zunächst 70 g getrocknete Sojabohnen in reichlich Wasser ein und lassen Sie sie in ca. 24 Stunden zur doppelten Größe aufquellen. Dann das Wasser abgießen und die eingeweichten Sojabohnen mit 1 l frischem Wasser so fein wie möglich aufmixen. Ein Sieb mit einem sauberen Küchentuch auslegen und die Mischung in einen Topf abseihen. Die gewonnene Sojamilch aufkochen und unter Rühren bei schwacher Hitze ca. 15 Minuten köcheln lassen. Die Milch schäumt zunächst stark auf, aber das gibt sich nach einer Weile. Abgekühlt in eine saubere Glasflasche abfüllen. Hält im Kühlschrank ca. 1 Woche.

Genauso können Sie aus über Nacht eingeweichten Haferkörnern und Wasser Hafermilch zubereiten. Als Würze empfiehlt sich dabei eine kleine Prise Salz, 1 Msp. gemahlene Vanille und Agavendicksaft nach Geschmack.

DIE HERAUSGEFILTERTEN GETREIDEANTEILE MÜSSEN SIE NICHT WEGWERFEN: SIE KÖNNEN SIE UNTER BROTTEIG RÜHREN, EINER GEMÜSEPFANNE BEIMISCHEN ODER GETREIDE-GEMÜSE-BRATLINGE DARAUS HERSTELLEN.

REISMILCH

1 FLASCHE (750 ML)

1 STUNDE ZUBEREITUNG

150 g Naturreis waschen und mit ½ l Wasser und 1 Prise Salz in einen Topf geben. Den Reis in ca. 50 Minuten weich kochen. Den Topf vom Herd nehmen, einen weiteren ½ l Wasser unterrühren und alles abkühlen lassen. Die Reismischung im Mixer so fein wie möglich pürieren. Bei einem leistungsstarken Mixer bleiben so gut wie keine Stückchen übrig. Wer möchte, kann die Reismilch trotzdem durch ein mit einem Tuch ausgelegtes Sieb abseihen. Auch hier können Sie den Geschmack mit Vanille und einem Süßungsmittel Ihrer Wahl optimieren. Hält im Kühlschrank 3–4 Tage.

1 FLASCHE (1 LITER)

10 MINUTEN ZUBEREITUNG

24 STUNDEN EINWEICHEN

MANDELMILCH

WIE SIE AUS NÜSSEN UND MANDELN FEINES MUS HERSTELLEN, DAS SIE ALS BROTAUFSTRICH, ALS BASIS FÜR DIPS UND ALS SAHNEERSATZ ZUM KOCHEN VERWENDEN KÖNNEN, LESEN SIE AUF SEITE 97.

Mandeln sind eine überaus wertvolle Quelle für ungesättigte Fettsäuren und vielerlei Spurenelemente und Mineralstoffe. Darüber hinaus enthalten Mandeln reichlich pflanzliches Eiweiß – viele gute Gründe, sie regelmäßig auf den Speiseplan zu setzen. Für Mandelmilch 150 g gehäutete Mandeln über Nacht in kaltem Wasser einweichen. Am nächsten Tag mit 1 l heißem Wasser im Mixer so fein es geht pürieren. Nach Belieben für noch feinere Milch durch ein Tuch abseihen. Wer mag kann auch hier den Geschmack mit Vanille, Zimtpulver und Honig aufpeppen. Die selbst gemachte Mandelmilch hält im Kühlschrank 2–3 Tage.

CASHEWCREME

1 GLAS (250 ML)

1 STUNDE ZUBEREITUNG

DIE VEGANE SCHWESTER DER SAHNE

250 g Cashewkerne

Den Backofen auf 120 °C vorheizen, ein Blech mit Backpapier belegen. Die Cashewkerne darauf verteilen und etwa 20 Minuten im Ofen rösten. Herausnehmen und vollständig abkühlen lassen.

Die Cashewkerne im Mixer in 6–7 Intervallen immer feiner zerkleinern, dazwischen immer wieder einige Minuten abkühlen und ruhen lassen, damit das Öl austreten kann. Den Vorgang so lange wiederholen, bis eine feincremige Paste ohne Stückchen entstanden ist. Die Cashewcreme in ein sterilisiertes Glas füllen und kühl aufbewahren.

Die feine Ölschicht, die sich bei natürlicher Creme ohne Stabilisatoren und Konservierungsstoffe an der Oberfläche bildet, fungiert als Schutzschicht. Die Cashewcreme muss deshalb nicht zwingend im Kühlschrank aufbewahrt werden, sondern hält auch in der kühlen Vorratskammer mindestens 1 Jahr. Wichtig: Die Creme nur mit einem sauberen Löffel entnehmen und dafür sorgen, dass die Ölschicht erhalten bleibt. Dazu das Öl beim Entnehmen zur Seite schieben und die Creme herauslöffeln.

PUR EIN FABELHAFTER ERSATZ FÜR SAHNE, CRÈME FRAÎCHE & CO. MIT KNOBLAUCH, ZITRONE, SALZ, PFEFFER ODER KRÄUTERN GEWÜRZT VERWANDELN SIE DIE CASHEWCREME RUCK, ZUCK IN EINEN FRISCHEN DIP.

ZUCCHININUDELN

2 PORTIONEN

20 MINUTEN ZUBEREITUNG

MIT ZITRONEN-KNOBLAUCH-CREMESAUCE

- 2 Zucchini
- 2 EL Cashewcreme (siehe oben)
- Salz und Pfeffer
- 200 ml Gemüsebrühe
- 1 Knoblauchzehe
- 1 kleine getrocknete Chilischote
- ½ Bio-Zitrone
- 2 EL geröstete, gesalzene Cashewkerne

Die Zucchini waschen, die Enden abschneiden. Zucchini im Spiralschneider zu Spaghetti schneiden. Wasser aufkochen, kräftig salzen und die Zucchini darin 1 Minute blanchieren. In ein Sieb abgießen und abtropfen lassen. Gleichzeitig die Cashewcreme mit der Gemüsebrühe in einer Pfanne aufkochen lassen. Die Knoblauchzehe schälen und dazupressen, die Chilischote dazubröseln. Die Zitrone heiß abwaschen, abtrocknen und 1 TL Zesten fein abziehen. Anschließend den Saft auspressen und beides unter die Cashewsauce rühren. Mit Salz und Pfeffer würzig abschmecken.

Zucchininudeln in die Pfanne geben und gut durchschwenken. In 2 tiefe Teller verteilen. Die Cashewkerne im Mörser grob zerstoßen und darüberstreuen.

VEGANER KARDAMOM-ZIMT-MILCHREIS

MIT VERSCHIEDENEN TOPPINGS

2–4 PORTIONEN
45 MINUTEN ZUBEREITUNG

- 1 l Reismilch (Seite 95)
- 2 EL Rohrzucker
- 200 g Milchreis
- Salz
- 3 grüne Kardamomkapseln
- 1 kleine Zimtstange
- 1 Stück Bio-Zitronenschale

In einem Topf die Reismilch, Zucker, Milchreis und 1 kleine Prise Salz zum Kochen bringen.

Die Kardamomkapseln mit dem Messerrücken andrücken und mit der Zimtstange und der Zitronenschale dazugeben.

Den Milchreis 40 Minuten bei schwacher Hitze kochen lassen, gelegentlich umrühren. Dann Zimt, Zitronenschale und Kardamomkapseln entfernen. Den Milchreis in Schalen füllen und warm (als Hauptgericht für 2–3 Personen) oder kalt (als Dessert für 4 Personen) servieren. Hält sich 2–3 Tage.

**LUST AUF TROPISCHEN GESCHMACK?
DANN REISMILCH DURCH 400 ML KOKOSMILCH
UND 600 ML WASSER ERSETZEN UND
MIT FRISCHEN ERDBEEREN UND KOKOSCHIPS TOPPEN.**

TOPPINGS (PRO PORTION)

KNACKIG → 1–2 EL Granatapfelkerne und 1 TL gehackte Pistazien

EXOTISCH → 50 g Mangowürfel und 2–3 feinblättrig geschnittene Paranüsse

FRISCH & FEIN → 50 g frische Himbeeren und 2–3 in feine Streifen geschnittene Zitronenmelisseblätter

MÜSLI & MÜSLIRIEGEL - PASTA & RAVIOLI - BROT & KUCHEN

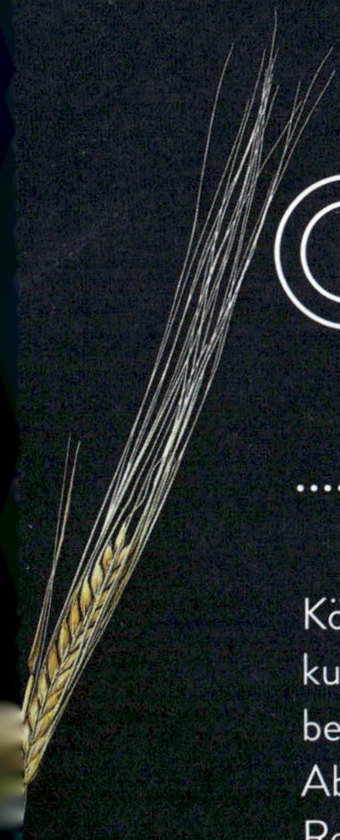

GETREIDE

Können Sie Flapjack? Nein? Keine Panik, was schwer nach einer Figur beim Eiskunstlauf klingt, ist in Wirklichkeit ein unfassbar leckerer Müsliriegel zum Selberbacken. Pirouetten drehen dabei höchstens Körner, Nüsse und Himbeeren. Aber auch bei den herzhaften Rezepten tanzt Getreide gern mal in die erste Reihe und überzeugt zum Beispiel als wichtigste Zutat für frischen Pastateig. Schönster Nebeneffekt des tollen Nudelgedudels: Ihre Freunde werden ab jetzt häufiger mal auf eine Ravioli vorbeikommen – oder zwei oder drei ...

GETREIDE – MEHR ALS MEHL

Die Vielfalt an Getreide ist riesengroß: Weizen, Dinkel, Roggen, Gerste und Hafer sind bei uns am häufigsten vertreten. Durch feines Mörsern der Körner, welches früher die Mühlsteine erledigt haben, entsteht Mehl. Sicher kennen Sie die Bezeichnungen Type 405 und 550 bei Weizenmehl. Diese Type-Nummer besagt, dass das Mehl 405 bzw. 550 mg Mineralstoffe wie Kalzium oder Eisen enthält. Diese wertvollen Bestandteile stecken in den Randschichten des Getreidekorns. Je höher die Typenzahl, desto mehr mineralstoffreiche Randschichten wurden mit vermahlen. Type 1050 ist Mehl aus dem vollen Korn und ist deshalb dunkler als die übrigen Sorten.

Die unterschiedlichen Mehle haben verschiedene Backeigenschaften, weil sie sich anders mit Flüssigkeit und Fett verbinden. Weizenmehl Type 405 nimmt man eher für feines Gebäck, Type 550 ist ein Allrounder und Type 1050 eignet sich am besten für Brot und Vollkornbackwaren. Letztere sind ein wenig schwerer und feuchter, dafür aber auch länger haltbar als Weißmehlbackwaren.

Roggenmehl gibt es als Type 997 und 1150 im Handel. Es wird fast ausschließlich zum Brotbacken verwendet.

LOCKER, FLOCKIG, HAFERFLOCKEN

Bei der Herstellung von Haferflocken werden die Körner zunächst mit Dampf behandelt und anschließend getrocknet. Dabei lockern sich die Spelzen und können entfernt werden. Je nach gewünschter Form – Kleinblatt oder zarte Flocken – werden die Körner dann zerkleinert und schließlich zwischen zwei Walzen platt gedrückt. Die Basis für Frühstücksmüsli und Porridge wird aus dem vollen Haferkorn hergestellt und enthält somit alle wertvollen Inhaltsstoffe. Neben Kohlenhydraten findet sich darin ein hoher Anteil an pflanzlichem Eiweiß und Ballaststoffen, außerdem die Vitamine B1, B6 und E, Zink, Eisen, Kalzium, Magnesium und Phosphor.

GLUTENFEI GENIESSEN

Weizen, Dinkel, Roggen, Gerste, Grünkern und Hafer und auch die alten Getreidesorten Emmer und Einkorn enthalten allesamt das Klebereiweiß Gluten. Dieses sorgt bei der Teigherstellung für die nötige Bindung. Leider bekommt Gluten nicht jedem, was sich bei den Betroffenen als Verdauungsbeschwerden äußert. Die sogenannte Zöliakie ist eine entzündliche Darmerkrankung, bei der es Gluten strikt zu meiden gilt. Wer darunter leidet, kann auf die glutenfreien Alternativen Buchweizen und Quinoa zurückgreifen. Sie lassen sich ähnlich wie Reis zubereiten. Etwas schwieriger ist die Herstellung eines adäquaten Ersatzes für Brot, aber auch da gibt es leckere Alternativen, bei denen zum Beispiel Nüsse und Leinsamen zum Einsatz kommen.

GETREIDE AUS 1001 NACHT – BULGUR UND COUSCOUS

Für Couscous, der ursprünglich aus Nordafrika stammt, wird Weizen oder Hirse zu Grieß verarbeitet, befeuchtet, zu gröberen oder feineren Kügelchen gerollt und für den Vorrat getrocknet. Bulgur, der sich besonders in orientalischen Ländern großer Beliebtheit erfreut, ist vorgegarter geschroteter Weizen. Während man Bulgur mit Brühe oder Tomatensaft zu einer körnigen Beilage kocht, bereitet man Couscous traditionell über Dampf zu. Der trockene Couscous wird zuerst zweimal mit Wasser befeuchtet und mit den Händen durchgeknetet. Dann füllt man ihn in ein Sieb und hängt dieses über einen Topf mit kochender Brühe. So gart der Couscous sanft und gelingt wunderbar locker und körnig. Für die schnelle Küche ist Instant-Couscous eine passable Alternative: Der vorgegarte Weizengrieß wird mit kochendem Salzwasser aufgegossen und quillt in wenigen Minuten aus. Kurz mit einer Gabel auflockern und ein Stückchen Butter unterrühren – fertig ist die leckere Beilage zu Fleisch, Gemüse und Co.

GERÖSTETES NUSS-GRANOLA MIT JOGHURT & FRÜCHTEN

680 GRAMM

30 MINUTEN ZUBEREITUNG

- 150 g gemischte Nüsse (z. B. Pekannüsse, Mandeln, Haselnüsse, Cashewkerne)
- 350 g kernige Haferflocken
- 3 EL Sesamsamen
- 3 EL Goldleinsamen
- 3 EL Sonnenblumenöl
- 3 EL flüssiger Honig
- Joghurt (Seite 82) zum Servieren
- frische Früchte zum Servieren

Den Backofen auf 160 °C vorheizen, ein Blech mit Backpapier belegen. Die Nüsse grob hacken und in einer Schüssel mit Haferflocken, Sesam und Leinsamen mischen.

Das Öl mit dem Honig in einer großen Pfanne erwärmen. Die Pfanne von Herd nehmen, die Nussmischung hinzufügen und mit einem Silikonspatel gut vermengen, sodass alle Flocken und Nussstückchen mit der Honigmischung benetzt sind.

Auf das Blech geben, zu einem Fladen zusammendrücken und 12–15 Minuten im Ofen (Mitte) backen, bis die Oberfläche zu bräunen beginnt. Dann herausnehmen, auskühlen lassen und mit den Händen zerkrümeln. In einem Glas hält das Knuspermüsli etwa 1 Monat. Sie können es wie herkömmliches Müsli mit Joghurt oder Milch und frischen Früchten zum Frühstück genießen.

IHR MORGEN, IHR MÜSLI! PROBIEREN SIE AUCH ANDERE FLOCKEN ODER NUSSMISCHUNGEN, EIN BISSCHEN ZIMT, SCHOKOLADENRASPEL ODER KOKOSFLOCKEN IN IHREM GRANOLA.

BIRCHERMÜSLI

Für das Schweizer Original pro Portion 4 EL blütenzarte Haferflocken mit 150 ml Milch verrühren und über Nacht zugedeckt in den Kühlschrank stellen. Am nächsten Morgen einen Apfel waschen, vierteln, das Kerngehäuse entfernen und die Viertel zur Haferflockenmischung raspeln. Mit je 1 TL Honig und gehackten Haselnüssen verrührt genießen.

OVERNIGHT OATS

Overnight Oats werden meist aus zarten oder kernigen Haferflocken mit Milch oder Joghurt hergestellt. Weil man sich bereits abends an die Zubereitung macht, geht es morgens fast mit geschlossenen Augen. Für etwas Abwechslung mischen Sie Kleie, Schrot, Dinkelflocken, Brotkrümel, Samen oder Kerne in die Milch und garnieren mit Früchten der Saison.

BEEREN MIT CHIASAMEN

150 ml Mandelmilch (Seite 95)
½ TL Honig
1 EL Chiasamen
5 EL Dinkelflocken
1 TL Bio-Orangenzesten
1 EL grob geschroteter Leinsamen
50 g Blaubeeren
50 g Himbeeren
1 Prise Pfeffer
½ TL fruchtiges Olivenöl
1 EL Mandelblättchen
Pfeffer

1 GLAS (300 ML)

20 MINUTEN ZUBEREITUNG

Mandelmilch erwärmen und den Honig darin auflösen. Chiasamen, Dinkelflocken, ½ TL Orangenzesten und Leinsamen in das Glas schichten. Mit der Honig-Mandelmilch übergießen.

Blaubeeren, ½ TL Orangenzesten, Himbeeren und Pfeffer vermischen und ebenfalls in das Glas geben. Das Olivenöl darüberträufeln. Das Glas über Nacht kalt stellen. Am nächsten Morgen Mandelblättchen anrösten und darüberstreuen.

KOKOS-QUINOA-MANGO

150 ml Kokosmilch
2 EL Kokosflocken
2 TL Vanillezucker
2 TL Ahornsirup
6 EL gepuffte Quinoa
1 Mango
1 EL getrocknete Gojibeeren

1 GLAS (300 ML)
10 MINUTEN ZUBEREITUNG

Die Kokosmilch mit 1 EL Kokosflocken, je 1 TL Vanillezucker und Ahornsirup und Quinoa vermischen.

Die Mango schälen und würfeln. Mangowürfel, 1 TL Vanillezucker, Gojibeeren und 1 TL Ahornsirup vermischen und im Wechsel mit der Quinoamischung in ein Glas schichten. Über Nacht kalt stellen. Mit den restlichen Kokosflocken bestreut servieren.

RÜBLIKUCHEN-STYLE

2 kleine Karotten
1 TL Vanillezucker
5 EL kernige Haferflocken
1 Prise Zimt
ca. 100 ml Milch
100 g Joghurt (Seite 82)
1 EL dunkle Schokoladenraspel
1 EL gehackte Walnüsse

1 GLAS (300 ML)
10 MINUTEN ZUBEREITUNG

Die Karotten schälen, fein reiben und mit der Hälfte des Vanillezuckers mischen. Die Haferflocken mit der anderen Hälfte des Zuckers und dem Zimt verühren. Karotten mit den Haferflocken ins Glas schichten und mit der Milch aufgießen, bis alles gerade bedeckt ist.

Den Joghurt ins Glas geben, die Schokoladenraspel daraufgeben und das Glas über Nacht verschlossen in den Kühlschrank stellen. Am Morgen noch die gehackten Walnüsse darüberstreuen.

FLAPJACKS

APRIKOSE-CASHEW MIT QUINOA UND LIMETTE

- 100 g Cashewkerne
- 50 g Sonnenblumenkerne
- 70 g Butter
- 60 g Rohrzucker
- 120 g flüssiger Honig
- Saft von 1 Limette
- 100 g getrocknete Aprikosen
- 150 g kernige Haferflocken
- 30 g Kokosraspel
- 20 g gepuffte Quinoa

15–20 RIEGEL

30 MINUTEN ZUBEREITUNG

Die Cashewkerne hacken und zusammen mit den Sonnenblumenkernen in einer Pfanne braun rösten. Butter, Zucker, Honig und Limettensaft in einem kleinen Topf erhitzen und verrühren.

Die Aprikosen in kleine Würfel schneiden und zusammen mit Haferflocken, Kokosraspeln und Quinoa in die Masse einrühren. So lange köcheln, bis sie leicht braun wird.

Die Masse ca. 2 cm dick auf ein mit Backpapier ausgelegtes Backblech ausstreichen, etwas abkühlen lassen und in Riegel schneiden.

WICKELN SIE DIE FERTIGEN FLAPJACKS IN BACKPAPIER UND LAGERN SIE SIE KÜHL IN EINER FRISCHHALTEDOSE. SO SIND SIE BIS ZU 1 WOCHE HALTBAR.

15–20 RIEGEL

30 MINUTEN ZUBEREITUNG

DINKEL-SESAM MIT CRANBERRY UND MANGO

- 100 g Rohrzucker
- 70 g Butter
- 120 g Ahornsirup
- 60 g getrocknete Mango (Seite 22)
- 100 g getrocknete Cranberrys
- 80 g Pekannüsse
- 150 g zarte Haferflocken
- 100 g Dinkelflocken
- 20 g Sesam

Den Ofen auf 170 °C vorheizen. Zucker, Butter und Ahornsirup in einem kleinen Topf aufkochen und rühren, bis sich der Zucker aufgelöst hat. Vom Herd nehmen. Die Mangostücke in kleine Würfel schneiden, die Cranberrys und die Pekannüsse klein hacken.

Hafer- und Dinkelflocken mit den klein geschnittenen Früchten und dem Sesam gründlich in die Sirupmasse einrühren. Die Masse ca. 2 cm dick auf ein mit Backpapier ausgelegtes Backblech geben, in eine rechteckige, flache Form bringen und 20 Minuten backen. Etwas abkühlen lassen und in Riegel schneiden

WER ES ETWAS SÜSSER MAG, KANN DIE RIEGEL NOCH IN FLÜSSIGE WEISSE ODER VOLLMILCHKUVERTÜRE TAUCHEN.

15–20 RIEGEL

30 MINUTEN ZUBEREITUNG

HIMBEER-HASELNUSS MIT PUMPERNICKEL

- 80 g Haselnüsse
- 100 g Zuckerrübensirup
- 70 g Butter
- 80 g Rohrzucker
- Saft und Zesten von 1 Bio-Zitrone
- 100 g Pumpernickel
- Samen von 2 grünen Kardamomkapseln
- 150 g getrocknete Himbeeren (Seite 22)
- 150 g zarte Haferflocken
- 30 g gepuffter Amaranth

Den Ofen auf 170 °C vorheizen. Die Haselnüsse hacken und in einer Pfanne kurz anrösten. Den Sirup mit Butter, Zucker, dem Zitronensaft und -abrieb in einem kleinen Topf erhitzen und verrühren, bis der Zucker aufgelöst ist. Jetzt noch den Pumpernickel fein zerbröseln, die Kardamomsaat mörsern, zusammen mit den Himbeeren, Haferflocken, Amaranth und den Nüssen in den Sirup geben. Alles gut verrühren.

Die Masse ca. 2 cm dick auf ein mit Backpapier ausgelegtes Backblech geben, in eine rechteckige flache Form bringen und 20 Minuten backen. Etwas abkühlen lassen und in Riegel schneiden.

TAGLIATELLE
HANDMADE

- 400 g Mehl, zzgl. Mehl zum Verarbeiten
- 4 sehr frische Eier (L)
- 2 EL Olivenöl
- 1 gestrichener TL Salz

4–6 PORTIONEN

30 MINUTEN ZUBEREITUNG

1½ STUNDEN RUHEN + TROCKNEN

Das Mehl auf die Arbeitsfläche sieben und eine Mulde eindrücken. Eier, Öl und Salz hineingeben und alles zu einem glatten Teig verkneten. Ist der Teig zu bröselig, die Hände anfeuchten und weiterkneten. Ist er zu klebrig, noch ein wenig Mehl hinzufügen.

Die Teigkugel in Klarsichtfolie wickeln und ca. 30 Minuten bei Zimmertemperatur ruhen lassen.

Die Nudelmaschine installieren. ¼ des Teiges abschneiden, durch die Walze drehen und den Teigstreifen immer dünner werdend auswalzen (bei 9 Stufen bis zur Stufe 7). Die Teigstreifen beim Auswalzen immer wieder bemehlen, damit der Teig nicht klebt.

Den Teigstreifen durch die Bandnudel-Schneidewalze drehen. Die fertigen Nudeln über einen Metallkleiderbügel hängen und mindestens 1 Stunde trocknen lassen. Frische Nudeln haben eine Garzeit von 2–3 Minuten.

NUDELMASCHINE? NICHT NÖTIG! DEN NUDELTEIG PORTIONSWEISE HAUCHDÜNN (!) AUSROLLEN, ORDENTLICH BEMEHLEN UND LOCKER AUFROLLEN. DANN MIT EINEM SCHARFEN MESSER IN DÜNNE STREIFEN SCHNEIDEN UND DIESE AUF DER ARBEITSFLÄCHE ZUM TROCKNEN AUSBREITEN.

BUNTE PASTA

BASILIKUMNUDELN

2 Bund Basilikum waschen, trocken schütteln und die Stiele entfernen. Die Blätter mit dem Olivenöl fein pürieren und in den Pasta-Grundteig kneten.

TOMATENNUDELN

6 in Öl eingelegte, getrocknete Tomaten abtropfen lassen, zerkleinern und fein pürieren. Mit 1 EL Tomatenmark in den Grundteig kneten.

SPINATNUDELN

200 g Babyspinat waschen, verlesen und tropfnass mit 1 Prise Salz in einen Topf geben und bei starker Hitze zusammenfallen lassen. Abgekühlt sehr gut ausdrücken, hacken, fein pürieren und in den Grundteig kneten.

SAFRANNUDELN

0,4 g Safranfäden in 2 EL heißem Wasser auflösen und abgekühlt mit den Grundzutaten verkneten.

Pasta?
Basta!

4–6 PORTIONEN

1 STUNDE ZUBEREITUNG

1 ½ STUNDEN GAREN

TAGLIATELLE MIT WELTBESTER TOMATENSAUCE

TEIG

400 g Mehl,
zzgl. Mehl zum Verarbeiten

4 sehr frische Eier (L)

2 EL Olivenöl

1 gestrichener TL Salz

TOMATENSAUCE

1 rote Zwiebel

1 Lauchstange

1 Selleriestange

1 Karotte

1 Kohlrabi

2 Tomaten

1 Zweig Rosmarin

½ Bund Petersilie

1 Salbeiblatt

1 EL Olivenöl

1 Dose (400 g) gehackte Tomaten

200 ml Rotwein

½ l Gemüsebrühe

1 EL Tomatenmark

100 g Sahne

Salz und Pfeffer

Die Tagliatelle wie auf Seite 110 beschrieben zubereiten, dabei beachten, dass sie mindestens 1 Stunde trocknen müssen.

Für die Sauce die Zwiebel schälen und würfeln. Lauch und Sellerie waschen, putzen und in kleine Scheiben schneiden. Karotte und Kohlrabi schälen und würfeln, die Tomaten waschen und würfeln. Rosmarin, Petersilie und Salbei waschen und trocken schütteln.

In einer großen, schweren Pfanne die Zwiebeln im Olivenöl kurz anbraten, dann Lauch, Sellerie, Karotte und Kohlrabi dazugeben und dünsten. Die gewürfelten Tomaten, den Rosmarinzweig und den Salbei dazugeben. Mit gehackten Tomaten, Rotwein und Gemüsebrühe ablöschen und das Tomatenmark einrühren.

Die Sauce 1 ½ Stunden köcheln lassen, dann den Rosmarinzweig entfernen. Die Petersilie hacken. Die Sahne einrühren, mit Salz und Pfeffer würzen und die Petersilie hineingeben.

Die Nudeln in kochendem Salzwasser 2–3 Minuten garen. Abgießen, kurz abtropfen lassen, auf vorgewärmte Teller verteilen und die Sauce darübergeben.

PASTASAUCE MIT WÜRZIGER SALSICCIA

Pro Person das Brät von 100 g Salsiccia aus der Pelle drücken und zu kleinen Bällchen formen. In einer großen Pfanne rundherum scharf in etwas Olivenöl anbraten. Pro Person 1 große Schöpfkelle von der Tomatensauce zugeben und die Salsiccia-Bällchen darin vor dem Servieren kurz ziehen lassen. So wird die vegetarische Sauce blitzschnell zu einem Fest für Fleischliebhaber.

2-4 PORTIONEN

40 MINUTEN ZUBEREITUNG

STEINPILZ-RAVIOLI

MIT SALBEI-PINIENKERN-BUTTER

TEIG

300 g Mehl,
zzgl. Mehl zum Verarbeiten

3 Eier (L)

½ TL Salz

1 EL Öl

FÜLLUNG

10 g getrocknete Steinpilze

300 g frische Steinpilze

1 Knoblauchzehe

1 EL Olivenöl

2 EL gehackte Petersilie

250 g Ricotta

4 EL Parmesan, gerieben

Salz und Pfeffer

AUSSERDEM

60 g Butter

5–6 Salbeiblätter,
in Streifen geschnitten

2 EL Pinienkerne, grob gehackt

Salz

Wie auf Seite 110 beschreiben einen Nudelteig herstellen, in Klarsichtfolie wickeln und 30 Minuten ruhen lassen.

Inzwischen für die Füllung die getrockneten Pilze 15 Minuten in lauwarmem Wasser einweichen. Die frischen Pilze putzen und fein würfeln. Den Knoblauch schälen und fein hacken.

Knoblauch und gehackte Pilze im Olivenöl anbraten. Die eingeweichten Pilze ausdrücken, fein hacken und mit der Petersilie untermischen. Unter Rühren braten, bis alle Flüssigkeit verdampft ist. Abgekühlt mit Ricotta und geriebenen Parmesan verrühren und kräftig mit Salz und Pfeffer abschmecken.

Den Teig vierteln und jedes Viertel in der Nudelmaschine immer dünner werdend zu je 1 langen Teigstreifen auswalzen. Dann 2 Streifen auf der Arbeitsfläche ausbreiten. Auf die 2 Streifen im Abstand von etwa 5 cm jeweils 1 TL Pilzfüllung setzen. Die Zwischenräume dünn mit Wasser einpinseln. Mit den übrigen Teigstreifen abdecken und jeweils dicht um die Füllung andrücken, damit keine Luftblasen bleiben. Mit dem Teigrädchen (oder einem Messer) quadratische Teigtäschchen ausschneiden.

In einem großen Topf Salzwasser zum Kochen bringen. Die Ravioli etwa 3 Minuten darin garen. Die Butter in einer Pfanne aufschäumen, Salbei, Pinienkerne und 1 Prise Salz darin anrösten. Die Ravioli mit dem Schaumlöffel aus dem Wasser heben, abtropfen lassen und auf vorgewärmte Teller verteilen. Die Salbei-Pinienkern-Butter darüber verteilen.

ZITRONEN-RICOTTA-FÜLLUNG

Für eine Zitronen-Ricotta-Füllung 250 g Ricotta mit 1 Ei (M), je 4 EL frisch geriebenem Parmesan und Semmelbröseln, 2 EL Limoncello und 1 TL Bio-Zitronenzesten verrühren und mit Salz und Pfeffer würzig abschmecken. Die Ravioli damit wie links beschrieben füllen und mit Thymianbutter (60 g Butter mit 1 EL gehackten Thymianblättchen und 1 Prise Salz aufschäumen) servieren.

ROTE-BETE-FÜLLUNG

Für eine Rote-Bete-Füllung 200 g vorgegarte Rote Bete (vakuumverpackt) fein raspeln. Mit 250 g Ricotta, 1 TL Bio-Zitronenzesten und je 2 EL Semmelbröseln und frisch geriebenem Parmesan verrühren und mit Salz und Pfeffer abschmecken.

DAZU PASST MOHNBUTTER: 60 G BUTTER MIT 1 GEHÄUFTEM TL GEMAHLENEM MOHN UND 1 PRISE SALZ IN EINEM PFÄNNCHEN AUFSCHÄUMEN LASSEN UND ÜBER DIE FERTIGEN RAVIOLI TRÄUFELN.

SAUERTEIG ANSETZEN

Helle Brote aus Weizenmehl können Sie ganz einfach mit Hefe oder Natron backen. Für Brot mit Roggenanteil aber braucht man Sauerteig. Er sorgt dafür, dass das Brot aufgeht, seinen typischen fein säuerlichen Geschmack bekommt und lange haltbar ist. Zudem gibt er Ihnen das gute Gefühl, Ihr Brot wirklich rundum selbstgemacht zu haben.

Um Sauerteig selbst anzusetzen, brauchen Sie nur Roggenmehl und Wasser. Den Rest erledigen Milchsäurebakterien aus der Luft und die Zeit: 4 Tage dauert der Prozess, bis Sie den ersten backfertigen Sauerteig haben. Stellen Sie die Schale mit dem Ansatz an verschiedene Orte in Ihrer Wohnung, um verschiedene Bakterien einzufangen. Von Ihrem fertigen Sauerteig können Sie einen Teil zurückbehalten und für die nächsten Brote im Kühlschrank aufbewahren.

WENN SIE ÜBRIGEN SAUERTEIG LÄNGER ALS 14 TAGE AUFBEWAHREN MÖCHTEN, DANN „FÜTTERN“ SIE IHN JEDE WOCHE MIT 50 G ROGGENMEHL UND 50 ML WASSER.

SAUERTEIG

1 TEIGANSATZ

20 MINUTEN ZUBEREITUNG

4 TAGE GÄREN

200 g Roggenmehl

TAG 1

50 g Roggenmehl in einer großen Schüssel mit 50 ml lauwarmem Wasser verrühren und an einem warmen Ort (idealerweise ca. 25 °C) 24 Stunden offen stehen lassen.

TAG 2

Weitere 50 g Roggenmehl und 50 ml lauwarmes Wasser dazugeben, unterrühren und wieder 24 Stunden stehen lassen.

TAG 3

100 g Roggenmehl und 100 ml Wasser unterrühren und wieder 24 Stunden stehen lassen. Der Brei beginnt zu gären und Blasen zu bilden und bekommt einen angenehm säuerlichen Geruch.

TAG 4

Der Sauerteig ist nun fertig. (Die Menge reicht für 1–1,5 kg Mehl.) 100 g davon abnehmen, in ein Schraubglas füllen und als Starter für neuen Sauerteig im Kühlschrank aufbewahren, dort hält er ca. 14 Tage. Beginnen Sie dann mit dem Starter wieder bei Tag 2.

UND WIE WIRD DARAUS JETZT EIN BROT? BLÄTTERN SIE UM!

SAUERTEIG-BROT MIT BROTGEWÜRZ

2 LAIBE

1 STUNDE ZUBEREITUNG

4 STUNDEN GEHEN

SAUERTEIGBROT

200 g Roggenvollkornmehl

400 g Weizenvollkornmehl, zzgl. Mehl zum Verarbeiten

200 g geschroteter Roggen

150 g Sauerteig (Seite 117)

10 g frische Hefe

2 EL Brotgewürz (siehe unten)

1 EL Salz

BROTGEWÜRZ

1 EL Kümmelsamen

1 EL Fenchelsamen

1 EL Koriandersamen

1 TL Anissamen

1 TL schwarze Pfefferkörner

5 grüne Kardamomkapseln

Die beiden Mehlsorten in einer Rührschüssel mit dem Roggenschrot mischen. Den Sauerteig in die Mitte geben und mit der Mischung verrühren. Die Hefe dazubröseln. Brotgewürz, Salz und 450 ml lauwarmes Wasser dazugeben und den Teig ca. 5 Minuten mit der Küchenmaschine (oder den Knethaken des Handrührgeräts) durchkneten. Den Teig auf die Arbeitsfläche geben und 2–3 Minuten mit den Handballen immer wieder nach innen falten und durchkneten. Zum Schluss die Teigkugel umdrehen, mit Mehl bestäuben und mit einem Küchentuch abgedeckt 3 Stunden an einem warmen Ort gehen lassen.

Den Teig auf die leicht bemehlte Arbeitsfläche geben und in 2 gleiche Stücke teilen. Die Stücke kurz durchkneten und zu runden oder länglichen Laiben formen. Auf einem leicht vorgewärmten, bemehlten Blech und mit einem Küchentuch abgedeckt an einem warmen Ort 1 weitere Stunde gehen lassen.

Den Backofen auf 250 °C vorheizen, auf den Ofenboden eine ofenfeste Schale mit Wasser stellen. Sie sorgt für die richtige Luftfeuchtigkeit, damit das Brot eine saftige Krume und eine knusprige Kruste bekommt. Die Brote mehrfach mit einem scharfen Messer einkerben und die Oberfläche mit Mehl bestäuben. Das Blech in den Ofen schieben und die Ofenhitze auf 220 °C reduzieren. Die Brote 15 Minuten backen, dann die Hitze weiter auf 200 °C herunterschalten und 30 Minuten weiterbacken. Zur Garprobe mit den Fingerknöcheln auf die Unterseite der Laibe klopfen. Wenn es dumpf und hohl klingt, sind die Brote fertig. Sonst noch 5–10 Minuten weiterbacken. Den Ofen ausschalten, die Brote noch 15 Minuten darin ruhen lassen. Herausnehmen und auf einem Kuchengitter vollständig auskühlen lassen. Das Brot hält sich 2–3 Tage.

Für das Brotgewürz die Gewürze im Mörser zerstoßen oder im Blitzhacker mittelfein zerkleinern. In ein Schraubglas füllen und kühl und dunkel aufbewahren. Reicht für 4 Laibe Sauerteigbrot und hält ca. 6 Monate.

DINKEL-VOLLKORNBROT

MIT SESAM, LEINSAMEN UND KÜRBISKERNEN

1 LAIB

20 MINUTEN ZUBEREITUNG

12 STUNDEN QUELLEN

1 ½ STUNDEN GEHEN

- 10 g Sesamsamen
- 10 g Leinsamen
- 10 g Kürbiskerne
- 10 g frische Hefe
- 500 g Dinkelvollkornmehl
- 25 g Sauerteig (Seite 117)
- 5 g Meersalz
- je 1 EL Kürbiskerne, Sesamsamen und Leinsamen zum Bestreuen

AM VORTAG

Den Backofen auf 200 °C vorheizen. Sesamsamen, Leinsamen und Kürbiskerne mischen und auf einem mit Backpapier ausgelegten Blech ca. 10 Minuten rösten. Nach dem Rösten die Samen und Kerne in eine Schüssel geben, mit 20 ml Wasser übergießen und über Nacht quellen lassen.

AM BACKTAG

Die Hefe in 50 ml lauwarmem Wasser auflösen und mit Dinkelmehl, Sauerteig, Meersalz und den aufgequollenen Samen und Kernen zu einem Teig kneten. Dabei dann nach Bedarf allmählich weitere 50–75 ml lauwarmes Wasser dazugeben. Mit einem leicht feuchten Tuch abgedeckt in einer Schüssel für 60 Minuten ruhen lassen.

Während der Ruhezeit die Samen und Kerne zum Bestreuen mischen. Den Teig zu einem länglichen Laib formen, mit Wasser bestreichen und in der Samen-Kerne-Mischung wälzen. Auf einem mit Backpapier belegten Backblech zugedeckt nochmals 25 Minuten ruhen lassen. Den Backofen währenddessen auf 240 °C Ober-/Unterhitze vorheizen.

Auf den Backofenboden eine Schale mit etwas Wasser stellen, so entsteht Dampf, der für eine schöne und glänzende Kruste sorgt. Das Brot dreimal schräg einschneiden und sofort in den Ofen schieben. Die Backofentemperatur auf 225 °C reduzieren und das Brot etwa 25 Minuten knusprig ausbacken.

Das Brot aus dem Ofen nehmen und auf einem Gitter auskühlen lassen.

ANDERS ALS Z. B. HAFER ODER GERSTE VERFÜGT DINKEL, EIN MIT DEM WEIZEN VERWANDTES GETREIDE, ÜBER EINEN HOHEN ANTEIL AN KLEBEREIWEISS UND LÄSST SICH GUT ZU BROT VERBACKEN. DINKELBROT VERTRAGEN VIELE MENSCHEN BESSER ALS BROT AUS WEIZEN.

CHEDDAR-SPINAT-SCONES

16–18 SCONES

45 MINUTEN ZUBEREITUNG

- 200 g TK-Blattspinat
- 80 g Cheddar (am Stück)
- 500 g Mehl, zzgl. Mehl zum Verarbeiten
- 1 Päckchen Backpulver
- 1 TL Zucker
- 1 TL Salz
- Pfeffer
- 1 Prise Muskatnuss, frisch gerieben
- 120 g weiche Butter
- 150 g Vollmilchjoghurt
- 2 Eier (M)
- 1 Eigelb
- 1 EL Milch

Den Spinat auftauen lassen, gut ausdrücken und grob hacken. Den Cheddar grob raspeln.

Den Backofen auf 180 °C vorheizen, ein Blech mit Backpapier belegen. Das Mehl mit Backpulver, Zucker, Salz, Pfeffer und 1 Prise Muskat in eine Rührschüssel geben. Die Hälfte des geraspelten Käses, die Butter in Flöckchen, den Joghurt und die Eier dazugeben und untermengen. Den Spinat hinzufügen und alles zu einem glatten Teig verkneten.

Den Teig auf der bemehlten Arbeitsfläche etwa 2 ½ cm dick ausrollen. Mit einem Ausstecher Kreise von etwa 6 cm Durchmesser ausstechen und mit etwas Abstand auf das Blech legen.

Eigelb und Milch verrühren, die Scones damit bestreichen und mit dem übrigen Käse bestreuen. Im heißen Ofen (Mitte) in ca. 25 Minuten goldgelb backen. Am besten schmecken Scones frisch.

SCONES LASSEN SICH AUCH GUT EINFRIEREN UND 15 MINUTEN BEI 120 °C IM OFEN WIEDER AUFBACKEN.

VANILLE-MUSKAT-SCONES

Für diese süßen Scones 500 g Mehl mit 1 Päckchen Backpulver, 3 EL Zucker und 1 Prise Salz vermengen. 1 kräftige Prise frisch gemahlene Muskatnuss und das ausgekratzte Mark von 2 Vanilleschoten hinzufügen. 2 Eier (M), 120 g weiche Butter in Flöckchen und 250 g Joghurt unterkneten. Wie beschrieben ausrollen, 12 Kreise ausstechen, mit Ei-Milch bestreichen und backen. Mit Konfitüre (Seite 13–15) servieren.

HEFEZOPF
MIT SCHOKO-SWIRLS

1 ZOPF

55 MINUTEN ZUBEREITUNG

1 ½ STUNDEN GEHEN

HEFETEIG

- 250 ml Milch
- ½ Würfel (21 g) Hefe
- 75 g Zucker
- 1 Ei (M)
- ½ TL Salz
- 500 g Mehl, zzgl. Mehl zum Bearbeiten
- 1 EL Bio-Orangenzesten
- 50 g weiche Butter
- Hagelzucker zum Bestreuen

SCHOKOMASSE

- 50 g Butter
- 25 g Puderzucker
- 50 g Vollmilchschokolade
- 20 g Kakaopulver
- 1 Prise Salz

Die Milch lauwarm erwärmen. In einer Rührschüssel die Hefe zerbröseln und mit 5 EL von der lauwarmen Milch und dem Zucker glatt rühren. Kurz vorgehen lassen, in der Zwischenzeit das Ei verquirlen, 3 EL davon abgedeckt kalt stellen.

Das restliche Ei, die restliche Milch, Salz, Mehl und Orangenzesten zur Hefemischung geben und ca. 5 Minuten kneten. Die Butter würfeln und nach und nach in den Teig kneten. So lange weiterkneten, bis ein homogener, nicht fettiger Teig entstanden ist. Die Schüssel mit einem feuchten Geschirrtuch abdecken und an einem warmen Ort 1 Stunde gehen lassen.

In der Zwischenzeit für die Schokomasse bei niedriger Temperatur die Butter in einem Topf schmelzen. Die übrigen Zutaten einrühren und so lange weiterrühren, bis die Schokolade geschmolzen ist. Die Schokomasse vom Herd nehmen und lauwarm abkühlen lassen.

Den Teig in 3 gleich große Portionen teilen. Jede Portion zu einem ca. 40 cm langen Strang rollen, dann 10 cm breit ausrollen, aber nicht zu fest drücken. Die Schokomasse auf die Teigstränge streichen und jeden Strang von der Längsseite her eng aufrollen, Enden festdrücken.

Die Teigstränge an einem Ende zusammennehmen. Einen Zopf flechten und am anderen Ende ebenfalls zusammennehmen. Die Enden leicht unter den Zopf schieben, damit man sie nicht sieht. Den Zopf erneut mit einem feuchten Tuch abdecken und 30 Minuten gehen lassen.

Den Ofen auf 200 °C vorheizen. Den Zopf mit dem übrigen Ei bestreichen und mit Hagelzucker bestreuen. Im Ofen 10 Minuten backen, dann mit Alufolie abdecken und ca. 15 Minuten fertig backen.

SCHWEIZER BÜRLI

10 BRÖTCHEN

35 MINUTEN ZUBEREITUNG

12 STUNDEN GEHEN

- 500 g Weizenmehl
- ½ Würfel (21 g) frische Hefe
- 1 ½ TL Salz

In eine Schüssel 340 ml lauwarmes Wasser geben und die Hefe darin auflösen – Vorsicht: Zu heißes Wasser verhindert den Gärprozess der Hefe. Das Mehl einarbeiten und gut durchkneten.

Den Teig in einen großen Topf legen und über Nacht mit Deckel im Kühlschrank aufgehen lassen.

Am nächsten Tag den Backofen auf 200 °C vorheizen. Aus dem Teig kleine Brötchen formen und im Ofen ca. 20 Minuten backen. Noch lauwarm mit Frischkäse und Marmelade genießen.

VERWENDET MAN VERSCHIEDENE MEHLSORTEN, ERHALTEN DIE BRÖTCHEN IMMER WIEDER EINEN NEUEN GESCHMACK. NICHT IMMER MUSS DIE GANZE MEHLMENGE AUSGETAUSCHT WERDEN, SCHON WENN MAN 200 G WEIZENMEHL DURCH DINKEL- ODER ROGGENMEHL ERSETZT, ÄNDERT SICH DAS AROMA.

PULL-APART-BREAD MIT KARAMELLISIERTEN PEKANNÜSSEN

1 BROT

1 STUNDE ZUBEREITUNG

1 ¼ STUNDEN GEHEN

- ½ Würfel (21 g) frische Hefe
- 180 g Zucker
- 220 ml lauwarme Milch
- 500 g Mehl, zzgl. Mehl zum Verarbeiten
- 80 g weiche Butter
- 1 Prise Salz
- 100 g Pekannüsse (alternativ Walnüsse)
- 125 g Mandelmus
- 2 TL gemahlener Zimt

Die Hefe mit 1 EL (15 g) vom Zucker und 3 EL der Milch mischen und 15 Minuten vorgehen lassen.

Das Mehl mit der Hefemischung, der übrigen Milch, der Butter, 55 g Zucker und dem Salz mit den Knethaken des Handrührgeräts zu einem glatten Teig verkneten. Abdecken und 1 Stunde gehen lassen.

Weitere 80 g vom Zucker in einem Topf bei niedriger Temperatur karamellisieren lassen. Die Pekannüsse darin wenden und zum Aushärten auf einer Lage Backpapier verteilen. Abkühlen lassen.

Die übrigen 30 g Zucker mit dem Zimt mischen. Den Teig auf einer bemehlten Arbeitsfläche zu einem Quadrat von 50 x 50 cm ausrollen und in 25 etwa 10 x 10 cm große Stücke schneiden. Alle Teigstücke auf einer Seite mit dem Mandelmus einpinseln und mit der Zucker-Zimt-Mischung bestreuen.

Eine Kastenform fetten und hochkant stellen. Die Teigscheiben in die Form stapeln, dabei etwas aneinanderdrücken. Anschließend die Form wieder flach hinlegen und die karamellisierten Nüsse darauf verteilen. Abdecken und weitere 30 Minuten an einem warmem Ort gehen lassen.

Den Backofen auf 180 °C Ober-/Unterhitze vorheizen. Das Pull-Apart-Bread auf mittleren Schiene für ca. 45 Minuten backen. Wenn die Nüsse zu dunkel werden, mit Alufolie abdecken und so fertig backen.

NOCH SAFTIGER WIRD DAS PULL-APART-BREAD, WENN SIE STATT ZIMT UND NÜSSEN SELBSTGEMACHTE KONFITÜRE (SEITE 13–15) AUF DIE TEIGSTÜCKE STREICHEN. DANN WIE BESCHRIEBEN STAPELN UND BACKEN.

SOMMERBEEREN-TARTE

MIT CREME AUS WEISSER SCHOKOLADE

12 STÜCKE

1 STUNDE ZUBEREITUNG

2 STUNDEN RUHEN + KÜHLEN

MÜRBETEIG

200 g Mehl
50 g Zucker
1 EL Vanillezucker
1 Prise Salz
2 EL Kakaopulver
½ TL Backpulver
125 g kalte Butter, zzgl. Butter zum Fetten der Form
1 Ei (M)

CREME

6 TL Erdbeerkonfitüre (Seite 14)
300 g weiße Kuvertüre
150 g Sahne
4 cl Holunderblütensirup

TOPPING

1 Handvoll Himbeeren
1 Handvoll Erdbeeren
1 Handvoll Heidelbeeren

Das Mehl mit Zucker, Vanillezucker, Salz, Kakao und Backpulver vermischen. Die kalte Butter in Stückchen dazugeben und mit dem Ei zu einem geschmeidigen Teig verkneten. Den Teig in eine Folie geben und für 30 Minuten im Kühlschrank ruhen lassen.

Den Backofen auf 180 °C vorheizen. Eine Tarteform (26 cm ø) gut einfetten. Dann den Teig ca. 3 mm dick ausrollen, in die Form legen, leicht andrücken und am Rand zurechtschneiden. Den Teigboden mehrfach mit einer Gabel einstechen.

Den Tarteboden im Ofen für 15 Minuten backen. Ein wenig abkühlen lassen, dann vorsichtig aus der Form nehmen. Anschließend ganz auskühlen lassen.

Die Konfitüre dünn auf den Boden streichen und den Boden in den Kühlschrank stellen. Die weiße Kuvertüre klein hacken und in eine Schüssel geben. Die Sahne in einem Topf erhitzen, aber nicht aufkochen, und über die klein gehackte Kuvertüre geben. Ein paar Minuten warten, bis die Schokolade angeschmolzen ist. Den Sirup unter Rühren hinzufügen und dann weiter rühren, bis eine cremige Masse entsteht. Diese Creme 30 Minuten abkühlen lassen und dabei immer wieder umrühren.

Die Creme auf dem Tarteboden verteilen und wieder für ca. 1 Stunde in den Kühlschrank stellen. Die Beeren waschen, verlesen und nach Belieben darauf verteilen.

DIESES REZEPT KÖNNEN SIE HERVORRAGEND ZU EINER APRIKOSEN-PFIRSICH-TARTE ABWANDELN. STATT BEEREN-KONFITÜRE EINFACH APRIKOSENKONFITÜRE AUF DEN FERTIGEN BODEN GEBEN. DIE CREME WIE ANGEGEBEN ZUBEREITEN. AUF DER CREME MIT APRIKOSEN- UND PFIRSICHSPALTEN EIN SCHÖNES MUSTER LEGEN.

PASTEN & PESTO - SALZ & PFEFFER - SAUCEN & CHUTNEYS - ESSIG

Kräuter & Gewürze

Wussten Sie, dass man mit Gewürzen locker die halbe Welt bereisen kann? Also wir wollen Sie jetzt nicht dahin schicken, wo der Pfeffer wächst – aber wie wäre es mit einem kleinen Ausflug zu den Straßenküchen Vietnams oder einer Reise in die Whiskykeller Schottlands? Ach, Sie haben keinen Urlaub? Dann begleiten Sie uns doch einfach zum Gewürzregal und probieren Sie, wie einfach man aus Erdnuss, Chili und Koriander ein unschlagbares Asia-Pesto herstellen kann. Oder hauseigenen Ketchup oder Currypaste... und schnurstracks sind Sie Meister des Geschmacks!

Schmeckt nach …

Jede Jahreszeit hat ihre Obst- und Gemüsehighlights, aber Kräuter und Gewürze haben immer Saison! Sie geben jedem Gericht den Feinschliff und sorgen für ein Aromenfeuerwerk.

FRÜHJAHR

ESTRAGON & grüner Spargel
2 Zweige Estragon fein hacken und unter die Meersalzbutter von Seite 92 rühren. Zu grünem oder weißem gegarten Spargel servieren.

MINZE & Zuckerschoten
500 g Zuckerschoten in feine Streifen schneiden, die Minze grob hacken. 3 EL Olivenöl in einer Pfanne erhitzen, 2 Knoblauchzehen hineinpressen und die Zuckerschoten darin 5 Minuten anbraten. Mit Salz und Pfeffer würzen und mit Minze bestreut zu Grillfleisch servieren.

INGWER & Rhabarber
3 Rhabarberstangen waschen, putzen und in Scheiben schneiden, 2 cm Ingwer schälen und fein hacken. In einem Topf 75 g Zucker karamellisieren lassen, Rhabarber und Ingwer hinzugeben, aufkochen, mit 100 ml Orangensaft ablöschen und zum Kompott einkochen.

SOMMER

ZITRONENMELISSE & Himbeeren
Die Blätter von 2 Zweigen Zitronenmelisse abzupfen und mit 3 EL Agavendicksaft, 1 EL gerösteten Mandelblättchen und 2 EL Zitronensaft pürieren. Mit dem Himbeer-Kokos-Eis von Seite 175 servieren.

CHILI & Beeren
Bei den Beeren-Overnight-Oats von Seite 106 zusätzlich 1 Prise Chiliflocken in die Mandelmilch rühren.

BASILIKUM & Melone
Den Basilikum waschen, trocken schütteln und fein hacken. 1 Honigmelone schälen, entkernen und in mundgerechte Stücke schneiden. Auf einen Schaschlikspieß stecken und 2–3 Minuten auf dem Grill braten, dann mit Basilikum bestreut servieren.

SALBEI & Kürbis
In einem Topf 250 ml frisch gepressten Orangensaft mit 3 Salbeiblättern und 3 EL Honig erhitzen, nach Belieben mit 2 EL Rum verfeinern. Als Sauce zu ofengeröstetem Kürbis servieren.

HERBST

THYMIAN & Birne
4 Birnen halbieren, Kerngehäuse entfernen. 50 g Butter, 50 g gemahlene Haselnüsse, 2 EL Zucker, 75 g Mehl, 1 TL Kakaopulver und 2 TL Thymianblätter zu Bröseln verkneten. Die Birnen mit der Schnittfläche nach oben in eine gefettete Backform legen, die Schokobrösel darüberstreuen und 20 Minuten bei 200 °C backen. Nach 10 Minuten mit Alufolie abdecken.

ZIMT & Rote Bete
50 g kalte Butter mit 100 g gemahlenen Mandeln, 2 TL Zimt, 2 EL Mehl und 1 TL Salz verkneten. 30 Minuten kalt stellen. 500 g vorgegarte Rote-Bete-Knollen halbieren, Zimt-Nuss-Streusel darauf verteilen und nach und nach unter dem Backofengrill 5 Minuten überbacken.

WINTER

VANILLE & Rotkohl
400 g Rotkohl hauchfein schneiden und mit dem Mark von 1 Vanilleschote, 2 EL Kürbiskernöl, 1 EL Rotweinessig, 1 EL flüssigem Honig, 2 EL Orangensaft, Salz und Pfeffer mit den Händen gut verkneten. 3 EL Granatapfelkerne darüberstreuen. Als Salat servieren.

ROSMARIN & Mandarine
12 Zweige Rosmarin mit 1 l Olivenöl, der Schale von 1 Bio-Mandarine und 2 TL schwarzen Pfefferkörnern in eine große Flasche geben und 3 Wochen ziehen lassen. Als Salatöl oder zu Gemüse servieren.

Macadamia-Rosmarin-Ingwer-Pesto

auf frischer Pasta

2 PORTIONEN

25 MINUTEN ZUBEREITUNG

- 1 Stück Ingwer (ca. 4 cm)
- 1 Knoblauchzehe
- 2 Zweige Rosmarin
- 50 g Parmesan am Stück
- 50 g geröstete, gesalzene Macadamianüsse
- 2 EL Limettensaft
- 6 EL Olivenöl
- Pfeffer
- 2 TL Salz
- 250 g frische Pasta (z. B. selbstgemachte Tagliatelle, Seite 110)

Ingwer und Knoblauch schälen und klein schneiden. Rosmarin waschen, trocken schütteln und die Nadeln abzupfen. Die Hälfte des Parmesans fein reiben.

Die Macadamianüsse grob hacken. Die Hälfte davon mit Ingwer, Knoblauch, Rosmarin, Limettensaft und Olivenöl im Blitzhacker (oder in einem hohen Gefäß mit dem Pürierstab) fein pürieren. Den geriebenen Parmesan unterrühren und mit Pfeffer abschmecken.

In einem Topf 2 l Wasser aufkochen lassen, 2 TL Salz und die Nudeln hineingeben, umrühren und in 2–3 Minuten bissfest kochen.

Eine Schüssel heiß ausspülen, Pesto und 2 EL Nudelkochwasser darin verrühren. Die Nudeln in ein Sieb abgießen, sofort dazugeben und sorgfältig mit dem Pesto mischen. Auf 2 Teller verteilen und die restlichen gehackten Macadamianüsse darüberstreuen. Vom übrigen Parmesan mit dem Sparschäler Späne darüberhobeln.

DAS MACADAMIA-ROSMARIN-INGWER-PESTO PASST AUCH GUT ZU DEN RAVIOLI MIT ZITRONEN-RICOTTA-FÜLLUNG (SEITE 115).

FRISCH SCHMECKT PESTO AM BESTEN, VOR ALLEM, WENN ES KNOBLAUCH ENTHÄLT. FÜR DEN VORRAT KÖNNEN SIE ES AUCH IN EIN SAUBERES SCHRAUBGLAS FÜLLEN UND DIE OBERFLÄCHE VOLLSTÄNDIG MIT ÖL BEDECKEN. SO HÄLT ES IM KÜHLSCHRANK CA. 10 TAGE.

Kerbel-Paranuss-Manchego-Pesto

180 GRAMM

10 MINUTEN ZUBEREITUNG

- 50 g Kerbel
- 50 g Paranüsse
- ¼ TL Bio-Zitronenzesten
- 4 EL Sonnenblumenöl
- 40 g reifer Manchego
- Salz und Pfeffer
- Zucker

Den Kerbel verlesen und die harten Stiele entfernen. Die Paranüsse grob hacken. Beides mit Zitronenzesten und Öl in einen Mixbecher geben und mit dem Pürierstab nicht zu fein pürieren. Den Käse reiben und unterrühren, mit Salz, Pfeffer und 1 kleinen Prise Zucker abschmecken. Hält sich 10 Tage. Schmeckt besonders gut zu weißem Spargel oder als Füllung für Kalbsrouladen.

Rucola-Walnuss-Pesto mit Pecorino

180 GRAMM

10 MINUTEN ZUBEREITUNG

- 1 Bund Rucola
- 1 Bund glatte Petersilie
- 1 Knoblauchzehe
- 50 g Walnusskerne
- 6 EL Walnussöl
- 40 g Pecorino, frisch gerieben
- 1–2 TL Zitronensaft
- Salz und Pfeffer

Von Rucola und Petersilie die groben Stiele entfernen. Den Knoblauch schälen und etwas zerkleinern. Rucola, Petersilie und Knoblauch mit den Walnusskernen und dem Öl pürieren. Den Pecorino unterrühren und mit Zitronensaft, Salz und Pfeffer würzig abschmecken. Hält sich 2–3 Tage. Passt gut zu Spinat- oder Vollkornpasta, zu gegrilltem grünen Spargel und als Füllung für Auberginenröllchen.

Tomaten-Mandel-Pesto

mit frittierter Petersilie

150 GRAMM

25 MINUTEN ZUBEREITUNG

- 50 g Mandelstifte
- 6 getrocknete, in Öl eingelegte Tomaten (Seite 43)
- 4 Knoblauchzehen
- ½ l Sonnenblumenöl
- 2 Bund krause Petersilie
- 2 getrocknete Peperoncini
- 4 EL Tomateneinlegeöl
- Salz und Pfeffer

Die Mandelstifte in einem Pfännchen ohne Fett goldbraun rösten und abkühlen lassen. Die Tomaten abtropfen lassen und fein schneiden.

Den Knoblauch ungeschält mit dem Sonnenblumenöl in einem Topf erhitzen. Von der Petersilie die groben Stiele entfernen. Je 1 kleine Handvoll Petersilie ins heiße Öl geben (Vorsicht, kann spritzen!) und 30 Sekunden frittieren. Mit dem Schaumlöffel herausheben und auf Küchenpapier abtropfen lassen.

Den Knoblauch aus den Häutchen drücken und mit Mandeln, Peperoncini und Tomateneinlegeöl pürieren. Die Petersilie zerbröseln und mit den Tomaten unterrühren. Mit Salz und Pfeffer abschmecken. Schmeckt super zu Spaghetti, Fischfilets oder Schweinenackensteaks.

Asia-Pesto

mit Erdnüssen, Zitronengras, Chili und Koriander

150 GRAMM

15 MINUTEN ZUBEREITUNG

- 2 Stängel Zitronengras
- 2–3 kleine grüne Chilischoten
- 1 Bund Koriandergrün
- 50 g geröstete, gesalzene Erdnüsse
- 1–2 EL Limettensaft
- 1 TL Zucker
- 4 EL Erdnussöl (oder Sonnenblumenöl)
- Salz

Das Zitronengras von äußeren harten Blättern befreien und das weiche untere Drittel fein schneiden. Die Chilis klein schneiden. Die groben Stiele vom Koriandergrün entfernen. Alles mit Erdnüssen, Limettensaft, Zucker und Öl pürieren, mit Salz abschmecken. Hält sich 10 Tage. Perfekt zu Reisnudeln, Roastbeef (Seite 56) oder als Füllung für Hähnchenbrust.

Tapenade

auf Mangold-Flatbread

8 PORTIONEN

50 MINUTEN ZUBEREITUNG

TAPENADE

60 g getrocknete schwarze Oliven

1 EL Kapern (aus dem Glas)

1–2 Sardellenfilets

1 kleine Knoblauchzehe

3–4 Zweige Thymian

2 EL Olivenöl

Pfeffer

BELAG

300 g Babymangold (alternativ Blattspinat)

Salz

75 g Feta (Schafskäse)

2 EL Pinienkerne, geröstet

Basilikumblätter und Kresse zum Servieren

TEIG

400 g Mehl, zzgl. Mehl zum Verarbeiten

1 TL Salz

1 TL Backpulver

½ TL getrockneter Thymian

300 g Joghurt

2 EL Olivenöl

Öl zum Ausbacken

Für die Tapenade die Oliven entsteinen, mit den Kapern und den Sardellenfilets in einen hohen Mixbecher geben. Den Knoblauch schälen, hacken und hinzufügen. Den Thymian waschen, trocken schütteln, die Blättchen abzupfen und dazugeben. Das Olivenöl hinzufügen und alles mit dem Pürierstab zu einer feinen Paste verarbeiten. Mit Pfeffer abschmecken. Erhält man die Ölschicht, indem man z. B. etwas Öl nach dem Entnehmen nachgießt, ist die Tapenade im Kühlschrank 6 Monate haltbar.

Den Mangold waschen und verlesen. Tropfnass mit 1 Prise Salz in einem Topf in 3–4 Minuten zusammenfallen lassen. In ein Sieb abgießen, abkühlen lassen und gut ausdrücken. Den Feta zerbröseln und mit dem Mangold mischen.

Für den Teig alle Zutaten in einer Rührschüssel vermengen und gut verkneten. Den Teig in 8 Teile teilen. Jedes Teigstück zu einer Kugel formen und flach drücken. Mit der Teigrolle zu dünnen Fladen von etwa 14 cm Durchmesser ausrollen und die Oberfläche mehrfach mit dem Messerrücken einkerben.

Jeweils etwas Öl in der Pfanne erhitzen und die Flatbreads nacheinander darin bei mittlerer Hitze 4–5 Minuten zugedeckt anbraten. Wenden und offen in 4–5 Minuten fertig braten. Die Flatbreads mit etwas Tapenade bestreichen, dann mit der Mangold-Feta-Mischung und mit Pinienkernen, Basilikum und Kresse bestreut servieren.

SIE KÖNNEN DIE FLATBREAD-TEIGLINGE AUCH ZWISCHEN LAGEN VON BACKPAPIER EINFRIEREN. ZUM BRATEN 10 MINUTEN ANTAUEN LASSEN, DANN BEI MITTLERER HITZE ZUGEDECKT 5 MINUTEN AUF EINER SEITE, DANN OFFEN 5 MINUTEN AUF DER ANDEREN SEITE BRATEN.

- 1 mittelgroße Zwiebel
- 2 Knoblauchzehen
- 2 EL Olivenöl
- 1 Lorbeerblatt
- 1 EL Koriandersamen
- 1 TL weiße Pfefferkörner
- 1 EL Kreuzkümmelsamen
- ½ TL grüne Kardamomkapseln
- ½ TL scharfes rotes Chilipulver oder ½ TL Zimt
- 2 Gewürznelken
- 1 EL Kurkuma (Gelbwurz)

100 GRAMM

20 MINUTEN ZUBEREITUNG

Gelbe Currypaste

Die Zwiebel schälen und in feine Würfel schneiden. Die Knoblauchzehen schälen und fein hacken. Zwiebelwürfel und den Knoblauch im Öl anschwitzen und etwas Farbe annehmen lassen. Das Lorbeerblatt fein schneiden. Erst Koriandersamen und Pfeffer, dann die Kreuzkümmelsamen in einer Pfanne kurz rösten. Mit den übrigen Zutaten in einem Mörser zur Paste verarbeiten (das kann gut 10 Minuten dauern). Hält sich im Kühlschrank ca. 1 Woche. Passt besonders gut zu hellem Fleisch wie Hähnchen oder Schwein.

ALLE CURRYPASTEN PASSEN HERVORRAGEND ZU JEDER ART VON GEMÜSECURRY. DIE PASTEN LASSEN SICH (AUCH WIEDERHOLT) EINFRIEREN, DANN SIND SIE BIS ZU 6 MONATE HALTBAR.

475 GRAMM

30 MINUTEN ZUBEREITUNG

Grüne Currypaste

- 6 Schalotten
- 50 g Galgant (oder Ingwer)
- 10 grüne Chilischoten
- 4 Knoblauchzehen
- 1 EL Erdnussöl
- 1 Bund Koriander mit Wurzel
- 1 Bund Thai-Basilikum
- 6 Kaffirlimettenblätter
- 2 Stängel Zitronengras
- 2 Bio-Limetten
- 10 g Koriandersamen
- 15 g Kreuzkümmelsamen
- 1 TL Kurkuma (Gelbwurz)

Schalotten, Galgant, Chilischoten und Knoblauch schälen und sehr klein schneiden, dann im Öl anschwitzen und etwas Farbe annehmen lassen. Koriander, Thai-Basilikum und Kaffirlimettenblätter waschen und trocken schütteln, dann hacken. Beim Zitronengras den Strunk und die äußeren Blätter entfernen, die weichen Teile fein hacken. Die Limetten heiß abwaschen. Die Schale in feinen Zesten abziehen, den Saft auspressen.

Erst die Koriandersamen, dann die Kreuzkümmelsamen in einer Pfanne rösten, bis sie zu duften beginnen. Mit allen Zutaten im Mörser zu einer feinen Paste verarbeiten (das kann gut 10 Minuten dauern). Hält sich im Kühlschrank ca. 1 Woche. Schmeckt gut zu Hähnchen und Fisch.

200 GRAMM

30 MINUTEN ZUBEREITUNG

Rote Currypaste

- 1 Schalotte
- 50 g Galgant (oder Ingwer)
- 10 rote Chilischoten
- 4 Knoblauchzehen
- ½ Bio-Orange
- 20 g Koriandersamen
- 10 g Kreuzkümmelsamen
- 1 EL Erdnussöl
- 1 Nelke
- ½ TL grüne Kardamomkapseln
- 1 TL Kurkuma (Gelbwurz)
- 1 TL edelsüßes Paprikapulver

Schalotte, Galgant, Chilischoten und Knoblauch schälen und sehr klein schneiden, dann im Öl anschwitzen und etwas Farbe annehmen lassen. Die Orangenschale in feinen Zesten abziehen, den Saft auspressen. Erst die Koriandersamen, dann die Kreuzkümmelsamen in einer Pfanne rösten, bis sie zu duften beginnen. Mit den übrigen Zutaten im Mörser zu einer feinen Paste verarbeiten. Hält sich im Kühlschrank ca. 1 Woche. Perfekt zu Ente und dunklem Fleisch.

Mayonnaise

300 GRAMM

10 MINUTEN ZUBEREITUNG

- 2 sehr frische Eigelb (M)
- 1 TL mittelscharfer Senf
- 1 EL Zitronensaft
- Salz
- 200 ml Sonnenblumenöl
- Pfeffer
- Zucker

Die Eigelbe mit Senf, Zitronensaft und ⅓ TL Salz in eine Rührschüssel geben und mit dem Handrührgerät in ca. 2 Minuten cremig aufschlagen.

Das Öl erst tröpfchenweise, dann in dünnem Strahl hinzufügen und dabei ständig weiterschlagen, bis eine cremige Mayonnaise entstanden ist. Die Mayonnaise mit Salz, Pfeffer und 1 kleinen Prise Zucker abschmecken. Nach Belieben weiter aromatisieren (siehe Rezepte) und bis zum Servieren zugedeckt in den Kühlschrank stellen. Hier wird frisches Eigelb verarbeitet, daher die Mayonnaise am gleichen Tag verzehren.

BRINGEN SIE ALLE ZUTATEN VOR DEM START AUF ZIMMERTEMPERATUR, DAMIT DIE MAYONNAISE NICHT GERINNT. PASSIERT ES TROTZDEM MAL, FÜGEN SIE EIN PAAR TROPFEN KALTES WASSER HINZU UND SCHLAGEN WEITER, BIS DIE MAYONNAISE WIEDER CREMIG IST. FUNKTIONIERT AUCH NICHT? DANN IN EINER NEUEN SCHÜSSEL 1 WEITERES EIGELB MIT 1 TL ZITRONENSAFT AUFSCHLAGEN UND DANN NACH UND NACH DIE GERONNENE MAYONNAISE UNTERRÜHREN.

Estragon-Mayonnaise

Für diese aromatische Mayonnaise 3–4 Zweige frischen Estragon waschen, trocken schütteln und die Blätter fein schneiden. Unter die Mayonnaise rühren und mit einem Spritzer Zitronensaft sowie 1 Prise Zucker abschmecken.

PASST GUT ZU KALBFLEISCH UND GRÜNEM SPARGEL.

Asia-Mayonnaise

Für diese asiatische Variante statt Senf und Zitronensaft je 1 EL Limettensaft und Fischsauce verwenden. Von 1 Stängel Zitronengras das untere weiche Drittel sehr fein hacken und mit 2 EL fein geschnittenem Thai-Basilikum unter die Mayonnaise rühren. Mit Limettensaft, Fischsauce, Chiliflocken und 1 Prise Zucker abschmecken.

PASST GUT ZUM ASIA-ROASTBEEF (SEITE 56) ODER ZU GEGRILLTEM FISCH.

Vegane Mayonnaise

Für diese Variante ohne Ei 100 ml ungesüßten Sojadrink in einem Mixbecher mit 1 EL Zitronensaft verrühren und 10 Minuten stehen lassen, bis dieser gerinnt und leicht dicklich wird. 2 EL mittelscharfen Senf unterrühren. 200 ml Sonnenblumenöl erst tröpfchenweise, dann in dünnem Strahl hinzufügen und mit dem Pürierstab untermixen. Mit Salz, Pfeffer und evtl. weiterem Zitronensaft abschmecken.

Grüner-Apfel-Limetten-Mayonnaise

Für diese säuerlich frische Mayo-Variation 1 grünen Apfel schälen, das Kerngehäuse entfernen und das Fruchtfleisch grob raspeln. ½ TL Bio-Limettenzesten, 2 EL Limettensaft und 1 TL Ahornsirup unter die Mayonnaise rühren.

PASST GUT ZU GERÄUCHERTEM FISCH (SEITE 74) ODER ZU ROASTBEEF (SEITE 56).

Ketchup
aus dem Ofen

1 FLASCHE (250 ML)

1 ½ STUNDEN ZUBEREITUNG

- 2,5 kg Kirschtomaten
- 2–3 junge Knoblauchzehen
- 1 Bund Thymian
- 1 Bio-Orange
- 1 Bio-Zitrone
- 2 EL brauner Zucker
- 1 ½ TL Salz
- 120 ml Olivenöl
- Salz und Pfeffer
- 1–2 EL Rotweinessig

Den Backofen auf 200 °C vorheizen. Die Tomaten von den Rispen zupfen, waschen, abtropfen lassen und in die Fettpfanne (das tiefe Blech) des Backofens geben. Den Knoblauch ungeschält dazwischen verteilen. Den Thymian waschen und die Zweige dazwischenlegen. Orange und Zitrone waschen, jeweils 2–3 dünne Streifen Schale mit einem Sparschäler abschneiden und dazugeben. Den Zucker und das Salz darüberstreuen und das Öl großzügig darübersprenkeln.

Die Tomaten im Ofen (Mitte) etwa 45 Minuten backen. Zum Schluss die Kräuterzweige entfernen. Den Backofengrill zuschalten und die Kirschtomaten darunter (obere Einschubleiste) noch 6–8 Minuten übergrillen.

Herausnehmen, abkühlen lassen und durch die Flotte Lotte oder ein Sieb passieren. Mit Salz, Pfeffer und Essig abschmecken. Masse in einem Topf noch einmal aufkochen lassen und in eine sterilisierte Flasche füllen. Verschließen und für 10 Minuten auf den Kopf stellen. Hält sich etwa 6 Monate.

WENN SIE DEN KETCHUP FRISCH VERWENDEN, SCHNEIDEN SIE 2 EL BASILIKUM IN STREIFEN UND RÜHREN SIE IHN UNTER. FRISCH HÄLT SICH DER KETCHUP IM KÜHLSCHRANK 4–5 TAGE.

DER KETCHUP SCHMECKT FABELHAFT ZU ALLEM GEGRILLTEN WIE FISCH, FLEISCH UND MEDITERRANEM GEMÜSE.

1 FLASCHE (450 ML)

20 MINUTEN ZUBEREITUNG

Barbecuesauce

mit Johannisbeergelee

- 1 rote Zwiebel
- 1 Knoblauchzehe
- 2 EL neutrales Pflanzenöl (z. B. Rapskernöl)
- 1 EL brauner Zucker
- 1 EL Tomatenmark
- 1 Dose (400 g) Tomaten
- 1 TL geräuchertes Paprikapulver (alternativ edelsüßes Paprikapulver)
- 2 EL Johannisbeergelee
- Salz

Die Zwiebel und den Knoblauch schälen und fein hacken. Das Öl in einem Topf erhitzen. Zwiebeln, Knoblauch, Zucker und Tomatenmark darin 2 Minuten unter Rühren anrösten.

Die Tomaten, Paprikapulver und 1 kräftige Prise Salz dazugeben und alles 20 Minuten zugedeckt bei schwacher Hitze einkochen lassen, gelegentlich umrühren.

Das Johannisbeergelee unterrühren und mit Salz abschmecken. Abgekühlt nach Belieben pürieren. Zur Aufbewahrung in eine sterilisierte Flasche füllen, verschließen und 10 Minuten kopfüber abkühlen lassen. Hält im Kühlschrank etwa 3 Monate.

GIBT SPARERIBS UND DEM PULLED PORK VON SEITE 55 ALS MARINADE ODER DIP DEN LETZTEN GEWÜRZKICK.

JOHANNISBEEREN SIND NICHT SO IHR DING? DANN NEHMEN SIE ERDBEERKONFITÜRE (SEITE 14) UND SCHMECKEN SIE DIE SAUCE MIT ETWAS ZITRONENSAFT AB.

AUS DER ÜBRIGEN KOKOSMILCH OVERNIGHT OATS FÜR DEN NÄCHSTEN MORGEN ANSETZEN (SEITE 106).

1 FLASCHE (500 ML)

30 MINUTEN ZUBEREITUNG

Curry-Mango-Sauce

mit Kokos und Koriandergrün

1 große Mango 1 Stück Ingwer (4 cm) 1 Knoblauchzehe
1 große rote Chilischote 1 Dose (400 g) Kokosmilch (ungeschüttelt)
1 gehäufter TL Currypulver 1 Bio-Limette 1 Bund Koriandergrün Salz

Die Mango schälen, das Fruchtfleisch vom Stein schneiden und fein pürieren. Ingwer und Knoblauch schälen und fein hacken. Die Chilischote längs aufschneiden, die Kerne entfernen und die Hälften fein schneiden.

2 EL Kokossahne (die dicke Creme, die sich in der ungeschüttelten Dose oben absetzt) in einem Topf erhitzen. Ingwer, Knoblauch und Chili darin 1 Minute anbraten. Currypulver dazugeben und 1 Minute mitbraten. Mangopüree und 200 ml Kokosmilch angießen (den Rest anderweitig verwenden) und 20 Minuten bei schwacher Hitze einkochen lassen, gelegentlich umrühren.

Die Limette heiß abwaschen, die Schale mit einem Zestenreißer in feinen Spänen abziehen und den Saft auspressen. Das Koriandergrün waschen, trocken schütteln und die Blätter grob hacken.

Die Mango-Curry-Sauce mit Salz, Limettenzesten und -saft abschmecken und das Koriandergrün unterziehen. Hält im Kühlschrank 4–5 Tage.

ZUSAMMEN MIT SPITZKOHL-APFEL-COLESLAW (SEITE 55) ZU KALBFLEISCH ODER LAMMBRATEN.

Kürbischutney mit Ananas & Chili

600 g Kürbisfleisch (z. B. Muskatkürbis, geputzt gewogen ohne Schale, Fasern und Kerne)
200 g Ananasfruchtfleisch 1 Zwiebel 1 große rote Chilischote 1 walnussgroßes Stück Ingwer
100 ml Apfelsaft 4 EL brauner Zucker 4 EL Weißweinessig Salz

3 GLÄSER (JE 250 ML)

20 MINUTEN ZUBEREITUNG

Das Kürbisfleisch in etwa ½ cm große Würfel schneiden. Das Ananasfruchtfleisch ebenso klein würfeln. Die Zwiebel schälen und fein hacken. Die Chilischote längs aufschneiden, die Samen entfernen und die Hälften fein schneiden. Den Ingwer schälen und fein reiben.

Alles mit Apfelsaft, Zucker und Essig in einem Topf aufkochen und ca. 15 Minuten bei schwacher Hitze zugedeckt köcheln lassen, bis der Kürbis weich ist. Gelegentlich umrühren. Das Chutney mit Salz abschmecken. Kochend heiß in sterilisierte Gläser füllen, verschließen und für 10 Minuten auf den Deckel stellen. Hält sich 1 Jahr.

PERFEKT ZU KÄSE UND SCHINKEN, ABER AUCH ZU KALTEM HÜHNCHEN ODER TRUTHAHN.

Birnenchutney mit Rosinen

3 GLÄSER (JE 250 ML)

25 MINUTEN ZUBEREITUNG

- 50 g Rosinen
- 50 ml weißer Portwein
- 500 g Birnen
- 4 EL brauner Zucker
- 4 EL Weißweinessig
- 1 Zwiebel
- 1 walnussgroßes Stück Ingwer
- 1 große grüne Chilischote
- 1 Sternanis
- 1 kleine Zimtstange
- Salz und Pfeffer

Die Rosinen in einem Schälchen 10 Minuten im Portwein einweichen. Inzwischen die Birnen vierteln, schälen, das Kerngehäuse entfernen und das Fruchtfleisch würfeln. Mit Zucker und Essig in einen Topf geben.

Die Zwiebel schälen und fein hacken. Den Ingwer schälen und fein reiben. Die Chilischote längs aufschneiden, entkernen und fein schneiden. Alles mit Sternanis und Zimt zu den Birnen geben, aufkochen und bei mittlerer Hitze 10 Minuten einkochen lassen, gelegentlich umrühren.

Die Rosinen unterrühren und 2 Minuten mitkochen lassen. Zimtstange und Sternanis entfernen und das Chutney mit Salz und Pfeffer abschmecken. Kochend heiß in sterilisierte Gläser füllen, verschließen und die Gläser für 10 Minuten auf den Deckel stellen. Hält sich 1 Jahr.

MACHT WILDGERICHTE, GERÄUCHERTE GÄNSEBRUST ODER BLAUSCHIMMELKÄSE ZU EINEM WAHREN GESCHMACKSERLEBNIS.

Whiskysenf

- 150 g gelbe Senfkörner
- 50 g braune Senfkörner
- 220 ml Apfelessig
- 80 g Akazienhonig
- 80 ml Whisky
- Salz

2 GLÄSER (JE 350 ML)

20 MINUTEN ZUBEREITUNG

12 STUNDEN RUHEN

Die Senfkörner fein mahlen und in einen hohen Mixbecher geben. Nach und nach Essig, Honig, Whisky und ca. 100 ml Wasser hinzufügen und mit dem Pürierstab untermixen. 1 TL Salz unterrühren.

Den Senfansatz in eine Schale gießen und 12 Stunden offen stehen lassen. Dann in sterilisierte Gläser abfüllen. Der Senf hält kühl und dunkel gelagert etwa 6 Monate.

Schmeckt fabelhaft zu dunklem Fleisch und Wild.

IDEAL ZUR SENFHERSTELLUNG IST EINE ELEKTRISCHE KAFFEEMÜHLE. MAHLEN SIE DIE SENFSAAT DARIN PORTIONSWEISE IN KURZEN INTERVALLEN, DAMIT SIE NICHT WARM WIRD.

Feigensenf

300 GRAMM

25 MINUTEN ZUBEREITUNG

- 6 weiche Feigen
- 120 g Zucker
- 3 EL Apfelessig
- 2 EL roter Balsamicoessig
- 1 EL Zitronensaft
- 2 EL helle Senfkörner, gemahlen
- 1 EL Honig

Die Feigen schälen und fein würfeln. Zucker und Essig in einem kleinen Topf aufkochen und die Feigen hineingeben. Bei schwacher Hitze ca. 15 Minuten einkochen lassen, bis alle Flüssigkeit verdampft ist. Vollständig abkühlen lassen.

Die Senfkörner fein mahlen, mit Zitronensaft, 3 EL Wasser und dem Honig verrühren und zur Feigenmasse geben. Den Senf in ein sauberes Glas füllen. Er hält im Kühlschrank etwa 4 Wochen.

PASST GUT ZU WÜRZIGEN KÄSESORTEN.

Steaksalz

100 GRAMM

10 MINUTEN ZUBEREITUNG

mit buntem Pfeffer und getrockneten Steinpilzen

- 5 g getrocknete Steinpilze
- 2 TL getrockneter Thymian
- 2 TL bunte Pfefferkörner
- 80 g grobes Meersalz

Die Steinpilze im Mörser gleichmäßig zerkleinern, aber nicht zu fein zermahlen. Mit den übrigen Zutaten mischen und in ein Schraubglas füllen. Hält sich 6 Monate.

SCHMECKT GUT ZU RINDERSTEAKS, KALBSKOTELETTS UND ZU PILZRISOTTO.

Zitronen-Estragon-Salz

100 GRAMM

14 TAGE +4 STUNDEN TROCKNEN

15 MINUTEN ZUBEREITUNG

- 1 Bund Estragon
- 1 Bio-Zitrone
- 80 g feines Meersalz

Den Estragon waschen, trocken schütteln und zusammenbinden. Kopfüber an einem warmen, gut durchlüfteten Ort aufhängen und 14 Tage trocknen lassen. Wenn die Blätter rascheln, von den Stielen zupfen und mit den Fingern zerrebeln. In ein Schraubglas füllen. Die Zitrone waschen, die Schale mit dem Sparschäler abziehen und bei 35–40 °C im Backofen 4 Stunden trocknen lassen, dabei einen Kochlöffel in die Backofentür klemmen, damit die Feuchtigkeit abziehen kann. Die Zitronenschale im Blitzhacker fein zerkleinern und mit 1 ½ EL getrocknetem Estragon unter das Salz mischen. In einem Schraubglas kühl und dunkel aufbewahren. Hält ca. 6 Monate.

PASST GUT ZU KALBFLEISCH, FISCH UND PILZEN.

PERFEKT ZU LAMMFLEISCH, ZU PASTASAUCEN MIT TOMATE UND ZU AUBERGINEN.

Orangen-Rosmarin-Salz

100 GRAMM

4 STUNDEN TROCKNEN

15 MINUTEN ZUBEREITUNG

- 1 Bio-Orange
- 1 Zweig Rosmarin
- 80 g feines Meersalz

Die Orange waschen, die Schale mit dem Sparschäler abziehen und im Backofen trocknen lassen, wie für die Zitronenzesten beim Zitronen-Estragon-Salz beschrieben. Vom Rosmarin die Nadeln abzupfen und mit 1 EL Salz im Möser zerstoßen, bis das Salz das Aroma angenommen hat und hellgrün geworden ist. Die Orangenschale im Blitzhacker fein zerkleinern, mit dem Rosmarinsalz und dem übrigen Salz mischen. In einem Schraubglas kühl und dunkel aufbewahren. Hält ca. 6 Monate.

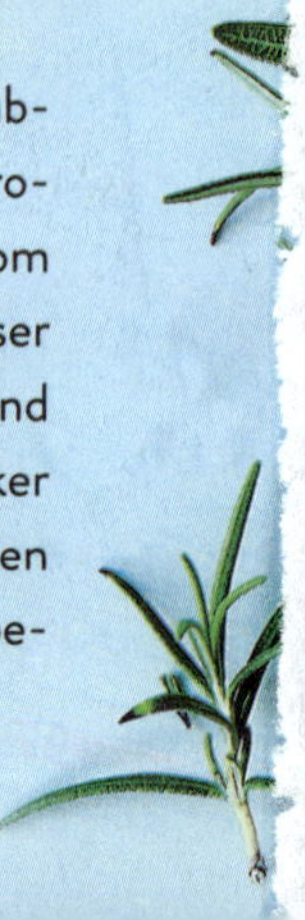

BBQ-Pfeffer

mit Fenchel

125 GRAMM

4 STUNDEN TROCKNEN

10 MINUTEN ZUBEREITUNG

- Zesten von ½ Bio-Orange
- 1 EL grüne Pfefferkörner
- 1 EL schwarze Pfefferkörner
- 2–3 TL weiße Pfefferkörner
- 30 g Kaffeebohnen
- ½ EL Rauchsalz
- 2 EL Fenchelsamen
- ½ TL Cayennepfeffer

Die Orangenzesten im Backofen trocknen lassen, wie für die Zitronenzesten beim Zitronen-Estragon-Salz beschrieben. Alle Zutaten in einem Mörser verreiben. In einem Schraubglas kühl und dunkel aufbewahren. Hält ca. 6 Monate.

FÜR ALLES, WAS VOR DEM GRILLEN EINE ABREIBUNG BRAUCHT.

Zitronenpfeffer

mit Oregano und Mandel

100 GRAMM

4 STUNDEN TROCKNEN

10 MINUTEN ZUBEREITUNG

- Zesten von 1 Bio-Zitrone
- 6–7 Mandeln
- 1–1 ½ EL schwarze Pfefferkörner
- 2–3 TL Szechuan-pfeffer
- 1 TL Rohrzucker
- 1 Msp. Kurkuma (Gelbwurz)
- 1 Msp. Paprikapulver
- ½ EL getrockneter Oregano

Die Zitronenzesten im Backofen trocknen lassen, wie beim Zitronen-Estragon-Salz beschrieben. Die Mandeln hacken und kurz in einer Pfanne ohne Fett braun rösten. Pfefferkörner, getrocknete Zitronenschale und Rohrzucker mörsern und mit den restlichen Zutaten mischen. In einem Schraubglas kühl und dunkel aufbewahren. Hält in einem Schraubglas ca. 6 Monate.

PROBIEREN SIE IHN MIT GEGRILLTEM FLEISCH ODER FISCH ODER IM GEMÜSEEINTOPF.

Wildgewürz

- 12 Pimentkörner
- 2 TL Koriandersamen
- 8 grüne Kardamomkapseln
- 1 Sternanis
- 1 Zimtstange
- 1 TL schwarze Pfefferkörner
- ½ TL Fenchelsamen
- 1 Lorbeerblatt

40 GRAMM

10 MINUTEN ZUBEREITUNG

Alle Gewürze bis auf den Lorbeer in einer Pfanne bei schwacher Hitze 4–5 Minuten anrösten, bis sie duften. Abgekühlt mit dem Lorbeerblatt im Mörser fein zerkleinern. Die Gewürzmischung hält in einem Schraubglas ca. 6 Monate.

PERFEKT FÜR WILDGERICHTE, ABER AUCH TOLL AUF GEGRILLTEN KÜRBISSPALTEN.

Granatapfelessig

1 Granatapfel

¾ l milder Weißweinessig (z. B. weißer Balsamicoessig)

Granatapfelkerne zur Dekoration (nach Belieben)

3 FLASCHEN (JE 250 ML)
15 MINUTEN ZUBEREITUNG
3–4 WOCHEN ZIEHEN

Aus dem Granatapfel den Blütensatz herausschneiden und die Frucht in 2 Hälften brechen. Die Kerne herauslösen und die harten weißen Stückchen der Trennwände aussortieren. Die Granatapfelkerne in eine große (ca. 1 l) saubere Flasche geben und mit dem Essig auffüllen. Die Flasche verschließen und den Essig 3–4 Wochen an einem kühlen, dunklen Ort durchziehen lassen.

Den Granatapfelessig durch ein feines Sieb abgießen und in 3 kleine Flaschen abfüllen (die ausgelaugten Kerne wegwerfen). Wer mag, kann zur Dekoration jeweils 1 EL frische Granatapfelkerne hinzufügen. Der Essig hält etwa 1 Jahr.

SCHMECKT SUPER IN CHICORÉE- UND GURKENSALATEN UND ZU BLATTSALAT MIT ENTENBRUST ODER LAMMSTREIFEN.

Erdbeer-Zitronengras-Essig

3 FLASCHEN (JE 250 ML)
15 MINUTEN ZUBEREITUNG
3–4 WOCHEN ZIEHEN

1 Stängel Zitronengras

250 g makellose Erdbeeren

¾ l milder Weißweinessig (z. B. weißer Balsamicoessig)

Das Zitronengras von äußeren, harten Blättern befreien und das untere weiche Drittel in Streifen schneiden. Die Erdbeeren waschen, auf Küchenpapier abtropfen lassen, die Kelchblätter entfernen und die Beeren vierteln.

Beides in eine große (ca. 1 l) saubere Flasche füllen und mit dem Essig aufgießen. Die Flasche verschließen und den Essig 3–4 Wochen an einem kühlen, dunklen Ort durchziehen lassen. Dann abseihen und in kleinere Flaschen abfüllen. Der Essig hält etwa 1 Jahr.

GIBT BLATTSALATEN MIT SCHINKEN ODER RÄUCHERFISCH SOWIE SAUCEN ZU WILD UND GEFLÜGEL EINE GANZ BESONDERE NOTE.

Erdbeer-Zitronengras-Spritz

Für einen erfrischenden Spritz 2 cl Erdbeer-Zitronengras-Essig (siehe oben) mit 2 cl Grenadinesirup und 2–3 Eiswürfeln in ein bauchiges Glas geben und mit Prosecco auffüllen. Eine Erdbeere an den Glasrand stecken. 1 Stängel Zitronengras von den äußeren Blättern befreien, den weichen, unteren Teil schräg anschneiden und in das Glas stellen.

SMOOTHIES - LIMONADE - SIRUP - KAFFEE - GIN

GETRÄNKE

Willkommen in der Zuhause-Bar! Dem Ort, wo es ab jetzt nur noch Lieblingsgetränke gibt. Denn für fruchtige Vitaminbomben, eiskalte Kaffeeliebe oder feinen Aperitif reicht ein Schlenker in Ihre Küche. Da warten nämlich bereits all die köstlichen Zutaten, die nur noch gemixt und geschüttelt – manchmal aber auch gerührt werden dürfen. Und wie es sich für eine gute Bar gehört, werden hier auch neue Freundschaften geschlossen: zwischen Blaubeere und Basilikum oder Ananas und Spinat. Also wir bestellen schon mal die erste Runde!

DIE GRÜNEN PFLANZENSTOFFE REGIONALER SUPERFOODS WIE PETERSILIE UND SPINAT MACHEN IHRE SMOOTHIES NOCH GESÜNDER. IN JEDEN GRÜNEN SMOOTHIE MUSS EIN WENIG MILDES ÖL, Z. B. OLIVENÖL, DAMIT DER KÖRPER DIE VITAMINE UND MINERALSTOFFE BESSER AUFNEHMEN KANN.

APFEL-WEINTRAUBEN-SMOOTHIE
MIT FELDSALAT

1 GLAS

10 MINUTEN ZUBEREITUNG

1 kleine Handvoll Feldsalat

200 g helle kernlose Weintrauben

1 Apfel 1 Banane 1 TL mildes Olivenöl

1 EL Agavendicksaft (nach Belieben)

Den Feldsalat und die Weintrauben waschen, den Apfel waschen und entkernen, nicht schälen. Die Banane schälen. Alles Obst und Salat im Mixer zu einem Smoothie pürieren, zuletzt Olivenöl einmixen und nach Belieben mit Agavendicksaft abschmecken. Ist der Smoothie noch zu fest, etwas Wasser dazugeben.

DETOX-SMOOTHIE
MIT ANANAS UND SPINAT

1 GLAS

10 MINUTEN ZUBEREITUNG

100 g frischer Spinat 1 Banane 200 g Ananas

1 EL mildes Olivenöl

Den Spinat waschen und trocken schütteln, die Banane schälen. Spinat und Banane mit der Ananas im Mixer zu einem Smoothie pürieren, zuletzt Olivenöl einmixen. Ist der Smoothie noch zu fest, etwas Wasser dazugeben.

SCHARFER SMOOTHIE
MIT GURKE, INGWER UND PETERSILIE

1 GLAS

10 MINUTEN ZUBEREITUNG

2 Stängel glatte Petersilie 150 g Ananas

½ süßer Apfel ¼ Bio-Gurke 1 cm Ingwer

1 TL mildes Olivenöl Zitronensaft zum Abschmecken

Die Petersilie waschen und trocken schütteln. Die Ananas schälen und würfeln, den Apfel und die Gurke waschen, nicht schälen und den Apfel entkernen. Den Ingwer schälen und fein reiben, vorsichtig dosieren, der Smoothie wird schnell scharf. Alle Zutaten im Mixer zu einem Smoothie pürieren. Ist der Smoothie noch zu fest, etwas Wasser dazugeben.

WENN SIE ZU DIESEM SMOOTHIE 2–3 KUMQUATS GEBEN, BEKOMMT ER EINE LECKERE, LEICHT BITTERE NOTE. DIE SCHALE DER KUMQUATS IST IMMER UNBEHANDELT, DAHER KANN MAN DIE GANZEN FRÜCHTE BEDENKENLOS NACH DEM WASCHEN IN DEN MIXER GEBEN.

PFIRSICH-BANANEN-SMOOTHIE

MIT PHYSALIS

1 GLAS

10 MINUTEN ZUBEREITUNG

1 großer Pfirsich (alternativ 2 Weinbergpfirsiche)

5 Physalis

1 Banane

frisch gepresster Orangensaft (nach Belieben)

Den Pfirsich waschen. Die Physalis aus den Hülsen schälen und waschen, die Banane ebenfalls schälen. Alle Zutaten im Mixer zu einem Smoothie pürieren. Ist der Smoothie noch zu fest, etwas frisch gepressten Orangensaft oder Wasser einmixen.

ROTE-BETE-HIMBEER-SMOOTHIE

MIT KAROTTE

1 GLAS

10 MINUTEN ZUBEREITUNG

1 große Karotte

½ Mango

150 g Himbeeren (frisch oder TK, aufgetaut)

1 kleine Rote-Bete-Knolle (ca. 80 g), vorgegart

Agavendicksaft zum Abschmecken

frisch gepresster Orangensaft (nach Belieben)

Die Karotte schälen und grob reiben, damit sie sich besser mixen lässt. Die Mango schälen und grob zerkleinern. Die Himbeeren, wenn frische verwendet werden, waschen. Alle Zutaten im Mixer zu einem Smoothie pürieren. Ist der Smoothie noch zu fest, etwas frisch gepressten Orangensaft oder Wasser dazugeben.

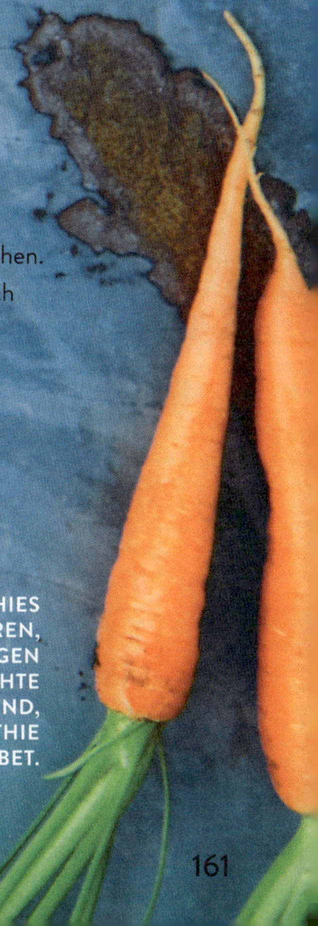

OBST UND GEMÜSE FÜR SMOOTHIES LASSEN SICH GUT PORTIONSWEISE EINFRIEREN, SO HAT MAN DIE PASSENDEN MENGEN IMMER ZUR HAND. JE KÄLTER DIE FRÜCHTE BEIM MIXEN NOCH SIND, DESTO MEHR SCHMECKT DER SMOOTHIE NACH EINEM SORBET.

LIMETTEN-INGWER-SIRUP

200 g Ingwer 200 g Zucker
2 Bio-Limetten

3 FLASCHEN (JE 250 ML)
1 STUNDE ZUBEREITUNG

Den Ingwer schälen und in dünne Scheiben schneiden. Mit dem Zucker und 1 l Wasser in einen Topf geben. Die Bio-Limette heiß abwaschen, die Schale mit einem Zestenreißer in feinen Spänen abziehen und dazugeben. Die Mischung aufkochen und bei schwacher Hitze in etwa 45 Minuten auf die Hälfte einkochen lassen, gelegentlich umrühren. Beide Limetten auspressen. Den Ingwersirup durch ein feines Sieb in einen anderen Topf abgießen. Den Limettensaft unterrühren und noch einmal kurz bis knapp an den Siedepunkt erhitzen. Dann randvoll in sterilisierte Flaschen abfüllen. Hält sich im Kühlschrank 3–4 Monate.

FÜR EINEN ERFRISCHENDEN SPRITZ JEWEILS 2–3 EL LIMETTEN-INGWER-SIRUP, 1–2 FRISCHE LIMETTENSCHNITZE UND 2–3 ZITRONENMELISSEBLÄTTER IN BAUCHIGE ROTWEINGLÄSER GEBEN. DANN ZU GLEICHEN TEILEN MIT EISGEKÜHLTEM TROCKENEM WEISSWEIN UND MINERALWASSER AUFFÜLLEN.

KARDAMOM-VANILLE-SIRUP

2 FLASCHEN (JE 250 ML)
30 MINUTEN ZUBEREITUNG

500 g Rohrohrzucker
2 Vanilleschoten
3 Kardamomkapseln

Den Rohrohrzucker mit 800 ml Wasser in einem Topf verrühren. Die Vanilleschoten längs aufschneiden, das Mark herauskratzen und mit den ausgekratzten Schoten dazugeben. Die Kardamomkapseln mit dem Messerrücken andrücken und dazugeben. Alles aufkochen und bei schwacher Hitze in etwa 20 Minuten zu Sirup kochen, gelegentlich umrühren. Vanilleschoten und Kardamomkapseln herausfischen und den Sirup kochend heiß in sterilisierte Flaschen füllen, verschließen und abkühlen lassen.

Der hohe Zuckeranteil macht den Sirup bis zu 6 Monate haltbar. Angebrochene Flaschen im Kühlschrank aufbewahren.

WÄRMEN SIE DIE FLASCHEN EIN WENIG AN, DAMIT SIE NICHT SPRINGEN, WENN SIE DEN KOCHEND HEISSEN SIRUP EINFÜLLEN.

KRÄUTER-LIMONADE

1 FLASCHE (750 ML)

10 MINUTEN ZUBEREITUNG

200 g Honig · 2 Stängel Zitronengras · 1–1 ½ EL Zitronenmelisse, gehackt
1–1 ½ EL Basilikum, gehackt · 1 EL Thymian, gehackt
2 Gewürznelken · Saft von 3 Limetten

Den Honig in 600 ml kochendem Wasser auflösen. Das Zitronengras klein schneiden, mit dem Messerrücken etwas zerquetschen und mit allen weiteren Zutaten hineingeben. Über Nacht ziehen lassen, dann abgießen. Damit der Sirup länger haltbar bleibt, einmal aufkochen, heiß in eine sterilisierte Flasche abfüllen und verschließen.

Für die Kräuterlimonade nach Geschmack 2–8 cl Sirup mit Mineralwasser aufgießen. Für einen Kräuter-Spritz mit Prosecco aufgießen. Hält 6–8 Wochen im Kühlschrank.

HEIDELBEER-BASILIKUM-GRANITA

2 GLÄSER (JE 300 ML)

10 MINUTEN ZUBEREITUNG

2 STUNDEN GEFRIEREN

100 g Rohrzucker · 1 Bund (oder 6 Stängel) Basilikum · 300 g Heidelbeeren
Saft von 3 Limetten

Den Rohrzucker mit 200 ml Wasser aufkochen und zum Zuckersirup abkühlen lassen. Basilikum waschen und trocken schütteln. Die Blätter abzupfen, einige zum Dekorieren beiseitelegen. Die Heidelbeeren waschen und zusammen mit Basilikum, Sirup und Limettensaft in einem hohen Gefäß mit dem Pürierstab oder im Mixer pürieren. Wenn das Püree sehr fein werden soll, anschließend noch durch ein feines Sieb passieren.

Das Püree in einer Schüssel ca. 2 Stunden ins Gefrierfach stellen. Alle 10 Minuten herausholen und umrühren, damit die Granita cremig wird. 2 EL Granita in ein Longdrinkglas geben, mit Mineralwasser auffüllen und mit Basilikum dekorieren. Die übrige Granita in Eiswürfelbehälter abfüllen und wieder einfrieren. Sie hält sich 4 Wochen, vor der Verwendung antauen lassen und umrühren.

MIT 3 CL GIN WIRD AUS DER HEIDELBEER-BASILIKUM-GRANITA DER PERFEKTE SUNDOWNER.

RHABARBER-LIMONADE MIT PFIRSICH

1 FLASCHE (750 ML)

30 MINUTEN ZUBEREITUNG

300 g Rhabarber · 2 Pfirsiche · 5 Zweige Minze · 170 g Rohrzucker
Saft von 2 Zitronen · 2 grüne Kardamomkapseln

Zuerst Rhabarber und Pfirsiche klein schneiden und die Minze grob hacken. Den Rohrzucker mit 330 ml Wasser aufkochen. Die Kardamomkapseln andrücken, mit den übrigen Zutaten in den Zuckersirup geben und für 20 Minuten abgedeckt köcheln lassen. Für mehr Aroma am besten nach dem Abkühlen über Nacht im Kühlschrank weiter ziehen lassen, dann abgießen. Damit der Sirup länger haltbar bleibt, einmal aufkochen, heiß in eine sterilisierte Flasche abfüllen und verschließen.

Für Limonade den Sirup mit Mineralwasser aufgießen. Der Sirup hält im Kühlschrank 6–8 Wochen.

ENJOY

COLD BREW

2 FLASCHEN (JE 500 ML)

5 MINUTEN ZUBEREITUNG

12 STUNDEN ZIEHEN

200 g frisch gemahlenes Kaffeepulver

Das Kaffeepulver in einem sauberen Gefäß mit 1,1 l kaltem Wasser verrühren und zugedeckt 12 Stunden bei Zimmertemperatur durchziehen lassen. Die Mischung erst durch ein feines Sieb abseihen, dann durch einen Kaffeefilter mit Filterpapier laufen lassen. Die Essenz in sterilisierte Flaschen füllen und im Kühlschrank aufbewahren, sie hält dort ca. 10 Tage. Kalt angerührt und 12 Stunden durchgezogen entfaltet Kaffee sein bestes Aroma und ist dazu besonders säurearm und bekömmlich.

KAFFEE

1 Teil Cold Brew mit
2–3 Teilen heißem Wasser auffüllen.

CAFÉ FRAPPÉ

1 Teil Cold Brew mit Eiswürfeln und nach Belieben mit der gleichen Menge kalter Milch in den Shaker geben und kräftig durchschütteln.

ICED COFFEE MIT KARDAMOM-VANILLE-SIRUP

1 Teil Cold Brew mit der gleichen Menge kalter Milch aufgießen und 1 Kugel Vanilleeis hineingeben. Mit Schlagsahne krönen und etwas Kardamom-Vanille-Sirup (Seite 163) darüberträufeln.

ESPRESSO TONIC

2 GLÄSER

5 MINUTEN ZUBEREITUNG

Eiswürfel

400 ml Tonicwater

60 ml eiskalter Espresso

Die Eiswürfel auf 2 Gläser verteilen und den Espresso angießen. Mit dem Tonicwater aufgießen.

2 GLÄSER

5 MINUTEN ZUBEREITUNG

JOHANNISBEER-ICED-COFFEE

60 ml eiskalter Espresso

300 ml eiskalter schwarzer Johannisbeersaft

4 Eiswürfel

Mineralwasser (nach Belieben)

Den Espresso auf 2 Gläser verteilen und mit dem Johannisbeersaft aufgießen. Je 2 Eiswürfel hineingeben und nach Belieben noch einen Schuss Mineralwasser.

1 FLASCHE
(750 ML)

5 MINUTEN
ZUBEREITUNG

2 WOCHEN
ZIEHEN

HEIDELBEER-GIN

300 g TK-Heidelbeeren   1 Zacke Sternanis
je 1 Streifen Bio-Orangen- und Bio-Zitronenschale   700 ml Gin

Alle Zutaten in eine große (ca. 1 l) saubere Flasche füllen und an einem kühlen und dunklen Ort 2 Wochen durchziehen lassen, dabei alle 2–3 Tage schütteln.

Durch ein feines Sieb in eine kleinere Flasche (750 ml) abseihen und weiter kühl und dunkel lagern, weil die Farbe sonst schnell verblasst. Hält sich 6 Monate.

HEIDELBEER-GIMLET

Für die Variante des klassischen Cocktails 6 cl Heidelbeer-Gin (siehe oben) mit 4 cl Lime Juice Cordial (gesüßter Limettensaft) und einem Streifen Bio-Zitronenschale in ein eisgekühltes Cocktailglas geben. Nach Belieben einen Spritzer eisgekühltes Mineralwasser dazugeben.

WODKA MIT HIMBEEREN

200 g reife Himbeeren waschen, verlesen und mit 2–3 Minzblättchen und 2 Streifen Bio-Limettenschale in eine Flasche füllen. Mit 700 ml Wodka übergießen und wie oben beim Gin beschrieben 2 Wochen durchziehen lassen. Wenn gerade keine wirklich aromatischen Himbeeren zu bekommen sind, können Sie auch hier auf tiefgekühlte Früchte zurückgreifen.

ALKOHOL AROMATISIEREN

„MAZERATION" NENNT MAN DEN PROZESS, BEI DEM DURCH ALKOHOL AUS BEEREN, KRÄUTERN ODER GEWÜRZEN DIE AROMASTOFFE HERAUSGELÖST WERDEN UND DIESEN MIT DER ZEIT FEIN AROMATISIEREN. SIE KÖNNEN DAS ERGEBNIS PUR GENIESSEN ODER FÜR COCKTAILS VERWENDEN.

EIS & SORBET - SCHOKOLADE & KARAMELL - SÜSSES & SALZIGES

Süßes & Snacks

Dies ist das Kapitel für all die Chocoholics, Naschkatzen und Knabbersnacker da draußen! Es steckt so voller wunderbarer süßer und herzhafter Kleinigkeiten, dass man gar nicht weiß, womit man anfangen soll. Vielleicht mit selbstgemachtem Eis. Denn während das im Froster schlummert, können wir uns doch alle heimlich ans frische Karamell schleichen, oder? Und für später verwandeln wir noch ein bisschen Gemüse in gesunde Chips. Die eignen sich übrigens auch super als Mitbringsel für die nächste Party – es sei denn, sie werden vorher weggeknusperknusperknusper...t'schuldigung, die sind einfach zu lecker!

5–6 POPSICLES

20 MINUTEN ZUBEREITUNG

4 STUNDEN GEFRIEREN

Popsicles

LÄUTERZUCKER

70g Rohrzucker

POPSICLES

150 g Himbeeren

150 g Blaubeeren

150 g Mango

1 Bund Minze

Saft von 3 Limetten

In einem Topf 140 ml Wasser mit dem Rohrzucker aufkochen und abkühlen lassen.

Die Himbeeren mit 30 ml vom Läuterzucker pürieren, durch ein Sieb passieren und beiseitestellen. Die Mango mit 30 ml Läuterzucker pürieren und passieren, die Blaubeeren ebenfalls.

Die Minze waschen, trocken schütteln und die Blätter abzupfen. Minze mit dem Limettensaft und dem restlichen Läuterzucker pürieren und ebenfalls durch ein Sieb streichen.

Zuerst das Himbeerpüree in die Eisformen füllen und im Tiefkühler 10 Minuten anfrieren. Anschließend das Mangopüree einfüllen und anfrieren, dann die Minze-Limettensaft-Mischung einfüllen und anfrieren. Zuletzt das Blaubeerpüree hineingießen und die Popsicles 4 Stunden gefrieren.

POPSICLES MIT JOGHURT

Popsicles sind perfekt, um alle Farben des Sommers und alle Lieblingsfrüchte unterzubringen. Das Eis am Stiel schmeckt auch hervorragend mit Joghurt und fein gehackten Nüssen. Dazu die Eiswürfelbehälter zu ⅔ mit Naturjoghurt (Seite 82) befüllen. 10 Minuten anfrieren lassen, dann mit Fruchtpüree auffüllen und mit Nüssen bestreuen. Im Tiefkühler 4 Stunden gefrieren.

4 PORTIONEN

45 MINUTEN ZUBEREITUNG

3 STUNDEN GEFRIEREN

Matcha-Avocado-Eis

- 3 Avocados
- 1 Banane
- 6 EL flüssiger Honig
- 1 Päckchen Vanillezucker
- 250 g Mandelmilch (Seite 95)
- Saft und Zesten von 1 Bio-Limette
- 2 TL Matchapulver
- 4 Waffelhörnchen

Die Avocados schälen und entkernen, die Banane schälen. Avocados und Banane mit den restlichen Zutaten in ein hohes Gefäß füllen und mit einem Pürierstab fein mixen. In eine große, flache Frischhaltedose füllen und mindestens 3 Stunden gefrieren, dabei einmal pro Stunde mit einer Gabel durchrühren.

Nach 3 Stunden aus dem Gefrierfach nehmen und erneut pürieren, bis das Eis weich und cremig ist. Wieder zurück in die Frischhaltedose füllen und weitere 30 Minuten gefrieren. Anschließend mit einem Eislöffel Kugeln abstechen und in die Waffelhörnchen füllen.

FÜR DIE PASSENDEN EISWAFFELN DIE WAFFELN WIE RECHTS BESCHRIEBEN MIT EINEM SCHOKO-PISTAZIEN-RAND VERSEHEN, DAFÜR STATT KOKOSRASPEL 60 G GEHACKTE PISTAZIEN MIT 1 TL MATCHA-PULVER VERMISCHEN.

Himbeer-Kokos-Eis

4 PORTIONEN

15 MINUTEN ZUBEREITUNG

30 MINUTEN GEFRIEREN

- 500 g TK-Himbeeren
- 200 ml Kokosmilch
- 6 EL Agavendicksaft
- 1 Päckchen Vanillezucker
- 4 Waffelhörnchen mit Kokosrand (siehe unten)
- 2–3 EL Kokoschips

Die Himbeeren mit Kokosmilch, Agavendicksaft und Vanillezucker in ein hohes Gefäß geben, verrühren und mit einem Pürierstab fein mixen. In eine große, flache Frischhaltedose füllen und 30 Minuten gefrieren.

Mit einem Eislöffel Kugeln abstechen und in die Waffelhörnchen füllen. Mit Kokochips bestreuen und sofort servieren.

ANDERE LIEBLINGSBEEREN? KEIN PROBLEM, DAS BLITZSCHNELLE EIS SCHMECKT AUCH MIT ERDBEEREN ODER BLAUBEEREN.

Kokos-Schoko-Eiswaffeln

- 60 g Zartbitterkuvertüre
- 60 g feine Kokosraspel
- 4 Waffelhörnchen

4 HÖRNCHEN

5 MINUTEN ZUBEREITUNG

15 MINUTEN ABKÜHLEN

Die Kuvertüre über dem heißen Wasserbad in einer Schüssel erwärmen und schmelzen. Die Kokosraspel auf einen Teller streuen. Die Waffelhörnchen mit dem oberen Rand in die Schokolade eintauchen, dann in die Kokosraspel drücken. Von der übrigen Schokolade jeweils einen kleinen Klecks in die Spitze der Waffelhörnchen gießen. Die Waffelhörnchen zum Aushärten der Schokolade in kleine Wassergläser stellen.

Cranberry-schokolade MIT MEERSALZ

2–3 KLEINE TAFELN

20 MINUTEN ZUBEREITUNG

12 STUNDEN KÜHLEN

- 200 g Zartbitterkuvertüre
- 100 g Vollmilchkuvertüre
- 1 TL Meersalz
- 30 g getrocknete Cranberrys

Eine längliche, rechteckige Form (z. B. eine große Kuchenkastenform) mit Backpapier auskleiden.

Für ein heißes Wasserbad einen Topf mit wenig Wasser erhitzen. Die Kuvertüre fein hacken und ¾ davon in eine passende Metallschüssel geben. Den Topf vom Herd nehmen und die Schüssel über das heiße Wasserbad hängen (sie darf die Wasseroberfläche nicht berühren!). Jetzt beginnt das Temperieren: Die Schokolade bei max. 40 °C schmelzen lassen (mit einem Zuckerthermometer kontrollieren), dabei sanft mit einem Silikonspatel umrühren.

Für die richtige Temperatur die Schüssel vom Topf nehmen, die übrige Schokolade dazugeben und unter Rühren schmelzen lassen. Dadurch kühlt die Masse auf ca. 28 °C ab. Nun noch einmal auf 32 °C (nicht höher!) erwärmen, dann in die Form gießen. Die Salzkristalle und die Cranberrys aufstreuen und die Form einige Male auf die Arbeitsfläche klopfen, damit Salz und Früchte einsinken und in der Schokolade keine Luftblasen bleiben. Die Schokolade in ca. 12 Stunden an einem kühlen Ort, aber nicht im Kühlschrank fest werden lassen.

Die Schokolade aus der Form und von der Folie lösen, mit einem schweren Messer in große Stücke brechen und verpacken. Hält ca. 1 Monat.

NUR WER SCHOKOLADE RICHTIG TEMPERIERT, ERHÄLT SIE SCHÖN GLÄNZEND. KUVERTÜRE IST DABEI BESONDERS GLÄNZEND UND GESCHMEIDIG, WEIL SIE EXTRA VIEL KAKAOBUTTER ENTHÄLT. „NORMALE" SCHOKOLADE LÄSST SICH BESSER VERARBEITEN, WENN SIE IM ERSTEN SCHRITT 20 G KOKOSFETT MIT ZERLASSEN.

Cashew-Schoki MIT ZITRONENGRAS

Den Backofen auf 150 °C vorheizen und ein Blech mit Backpapier belegen. 1 Stängel Zitronengras von den äußeren harten Blättern befreien und das untere weiche Drittel fein schneiden. Mit 30 g Cashewkernen und 1 ½ TL Puderzucker fein hacken. Die Mischung auf das Blech bröseln und im Backofen in 10–12 Minuten hellbraun rösten. Abkühlen lassen. Die Schokolade wie oben beschrieben temperieren, in die Form gießen und die Brösel auf die Schokolade in der Form streuen.

MIT
LIEBE
GEMACHT

YUMMY!

1 GLAS
(450 ML)

45 MINUTEN
ZUBEREITUNG

30 MIN
ABKÜHLEN

CRUNCHY Schoko-Nuss-Aufstrich

- 100 g Haselnüsse
- 1 Päckchen Vanillezucker
- 100 g dunkle Schokolade (70 % Kakaogehalt)
- 100 g Vollmilchschokolade
- 50 g Butter
- 150 g Sahne
- 1 EL Puderzucker

WENN SIE ES GERNE SÜSSER MÖGEN, FÜGEN SIE ETWAS MEHR ZUCKER HINZU UND ERHÖHEN SIE DEN ANTEIL DER VOLLMILCHSCHOKOLADE GEGENÜBER DER DUNKLEN SCHOKOLADE.

Die Haselnüsse ohne Fett in einer Pfanne bei schwacher Hitze rösten, bis sie duften und dunkle Stellen bekommen. Abkühlen lassen.

Mit den Händen die Häutchen von den Haselnüssen reiben. Die Hälfte der Kerne im Blitzhacker mit dem Vanillezucker sehr fein mahlen. Den Rest mittelfein hacken.

Für ein heißes Wasserbad wenig Wasser in einen Topf geben und aufkochen lassen. Die Schokolade in Stücke brechen und mit der Butter in eine passende Metallschüssel geben. Den Wassertopf vom Herd nehmen, die Metallschüssel über das heiße Wasserbad hängen (die Schüssel darf das Wasser nicht berühren!) und Schokolade und Butter darin schmelzen lassen.

Die Haselnuss-Vanillezucker-Mischung und die Sahne unter die geschmolzene Schokobutter rühren. Vom Wasserbad nehmen und abkühlen lassen.

Die gehackten Haselnüsse in einer Pfanne mit dem Puderzucker bestäuben und unter Rütteln der Pfanne bei mittlerer Hitze goldbraun rösten. Abkühlen lassen.

Sobald Schokocreme und geröstete Nussstückchen kalt sind, beide verrühren, in ein sterilisiertes Schraubglas füllen und im Kühlschrank aufbewahren. Dort hält sich der Aufstrich 2–3 Wochen.

Espresso-Fudge

- 100 g Zartbitterkuvertüre
- 50 g Butter
- 200 g Puderzucker
- 2 TL Instant-Espressopulver
- 2 EL Sahne
- 2 EL Kaffeelikör
- 50 g weiße Kuvertüre
- 80 Espressobohnen

80 STÜCK

1 STUNDE ZUBEREITUNG

3 ½ STUNDEN KÜHLEN

DAMIT DIE SUPERZARTEN FUDGE-WÜRFEL NICHT ANEINANDERKLEBEN, AM BESTEN ZWISCHEN LAGEN VON BACKPAPIER IM KÜHLSCHRANK AUFBEWAHREN.

Einen Topf 2 cm hoch mit Wasser füllen und aufkochen lassen. Die Kuvertüre grob hacken, mit der Butter in einer passenden Metallschüssel über das Wasserbad hängen (sie sollte das Wasser nicht berühren) und unter Rühren schmelzen lassen.

Den Puderzucker daraufsieben, Espressopulver, Sahne und Kaffeelikör dazugeben und mit einem Silikonspatel sorgfältig unterrühren.

Eine rechteckige Form (ca. 16 x 20 cm) mit Backpapier auslegen. Die Schokomasse hineingeben und gleichmäßig ausstreichen. 30 Minuten kalt stellen. Inzwischen die weiße Kuvertüre hacken und über dem heißen Wasserbad schmelzen.

Das Espresso-Fudge aus dem Kühlschrank nehmen. Mit einem scharfen Messer so längs und quer einritzen, dass 80 Stücke markiert sind. Die Espressobohnen zur Hälfte in die weiße Kuvertüre tauchen und jedes Stück mit einer Bohne belegen. Für weitere 3 Stunden im Kühlschrank durchkühlen lassen.

Das Fudge entlang der Linien in Stücke schneiden und zum Espresso oder Kaffee genießen. Hält sich im Kühlschrank etwa 1 Woche.

Chewy Sahnetoffees

70 STÜCK

30 MINUTEN ZUBEREITUNG

- 190 g Zucker
- 1 Päckchen Vanillezucker
- 1 Prise Salz
- 150 g weiche Butter
- 125 ml gezuckerte Kondensmilch

STATT KONDENSMILCH KÖNNEN SIE AUCH SAHNE VERWENDEN.

Zucker, Vanillezucker und Salz mit 60 ml Wasser in einer beschichteten Pfanne bei schwacher Hitze zu hellbraunem Karamell schmelzen. Nicht umrühren.

Die Butter in Flöckchen dazugeben und unter gelegentlichem Rühren schmelzen lassen. Kondensmilch hinzufügen (Vorsicht, das kann spritzen!) und 7–8 Minuten köcheln lassen. Damit die Karamellbonbons die richtige „chewy" Konsistenz bekommen, nach 6 Minuten den ersten Test machen: Dazu einen Tropfen der Karamellmasse in ein Glas mit kaltem Wasser tropfen und probieren. Weiter testen, bis die Konsistenz schön bissfest, aber cremig ist.

Eine hitzefeste Form von (ca. 16 x 20 cm) mit Backpapier auslegen. Die Karamellmasse hineingießen und vollständig abkühlen lassen.

Das Karamell in ca. 1 ½ x 3 cm große Bonbons schneiden und einzeln in Zellophanpapier wickeln. Die Toffees halten sich ca. 6 Wochen.

Salzige Karamelltoffees

Wie die Sahnetoffees zubereiten, aber statt normaler Butter gesalzene Butter nehmen und ganz nach Geschmack 1 mehr oder weniger große Prise Meersalz hinzufügen. Vorsicht, probieren Sie Karamell niemals direkt aus der Pfanne, die Masse ist höllisch heiß! Immer die Garprobe im Wasserglas machen (siehe oben). Vor dem Zurechtschneiden Zartbitterschokolade schmelzen und die abgekühlten Toffees damit bestreichen, nach Belieben mit noch etwas Salz bestreuen.

ORANGEN-THYMIAN-Shortbread

50 STÜCK

1 STUNDE ZUBEREITUNG

1 STUNDE RUHEN

- 250 g weiche Butter
- 75 g Puderzucker
- 100 g Vanillezucker
- ½ TL Salz
- 1 Bio-Orange
- 1 Bund Thymian
- 450 g Mehl, zzgl. Mehl zum Vearbeiten

Die Butter mit Puderzucker, 50 g Vanillezucker und Salz schaumig schlagen.

Die Orange heiß abwaschen, abtrocknen und die Schale mit einem Zestenreißer in feinen Spänen abziehen. Den Thymian waschen, trocken schütteln und die Blättchen abstreifen. Beides unterrühren.

AUCH ZITRONE UND THYMIAN SIND EINE SUPER KOMBI FÜR DAS SHORTBREAD.

Das Mehl daraufsieben und unterkneten. Den Teig zur Kugel formen, in Klarsichtfolie wickeln und 1 Stunde bei Zimmertemperatur ruhen lassen.

Den Backofen auf 160 °C vorheizen, 2 Bleche mit Backpapier belegen. Den Teig auf der bemehlten Arbeitsfläche etwa ½ cm dick ausrollen. In Rechtecke von etwa 2 x 4 cm schneiden und diese auf die Bleche legen.

Jedes Shortbread dreimal mit einer Gabel einstechen. Im heißen Ofen (Mitte) 20–25 Minuten backen. Die Bleche herausnehmen und sofort den übrigen Vanillezucker über die Kekse sieben. Abgekühlt in Blechdosen ist das kleine Gebäck ca. 6 Wochen haltbar.

HABEN SIE GELEGENTLICH AUSGEKRATZTE VANILLESCHOTEN ÜBRIG? DANN MACHEN SIE DARAUS IHREN EIGENEN VANILLEZUCKER! LEGEN SIE DIE SCHOTEN IN EIN SCHRAUBGLAS, BEDECKEN SIE SIE MIT ZUCKER UND INNERHALB VON 2–3 TAGEN HABEN SIE HERRLICH AROMATISCHEN VANILLEZUCKER. ER HÄLT CA. 6 MONATE.

Proseccotrüffel

60 STÜCK

20 MINUTEN ZUBEREITUNG

3 STUNDEN KÜHLEN

575 g weiße Kuvertüre   80 g Süßrahmbutter
80 g Puderzucker, zzgl. Puderzucker zum Bestäuben   1 EL Zitronensaft
100 ml trockener Prosecco

Von der weißen Kuvertüre 175 g über einem Wasserbad schmelzen, die Wassertemperatur sollte 60 °C nicht überschreiten, sonst wird die Kuvertüre zu heiß und gerinnt. Etwas abkühlen lassen.

Die Butter mit dem Puderzucker schaumig schlagen (mit der Küchenmaschine oder dem Handrührgerät). Die geschmolzene Kuvertüre (ideale Temperatur 30 °C) dazugeben und gleichmäßig vermischen. Den Zitronensaft hinzufügen und wieder vermischen. Den Prosecco nach und nach einlaufen lassen, bis eine puddingartige Masse entsteht (Achtung, das geht recht schnell!). Die Flüssigkeit muss vollständig von der Butter-Zucker-Masse aufgenommen werden, d. h. die Oberfläche der Masse muss trocken sein! Nicht zu lange schlagen, sonst trennt sich die Masse und ist so nicht wieder herzustellen.

Die Trüffelmasse in einen Spritzbeutel mit Loch- oder Sterntülle füllen und 2–3 cm große, gleichmäßige Kugeln auf das Backpapier spritzen. In einem kühlen Raum oder im Kühlschrank aushärten lassen – je nach Temperatur mindestens 3 Stunden.

Die übrigen 400 g weiße Kuvertüre über einem Wasserbad schmelzen. Damit sie einen schönen Glanz erhält, sollte sie richtig temperiert werden (Seite 176). Die ausgehärteten Trüffel in die Kuvertüre tauchen (am besten mit einer Pralinengabel), abtropfen lassen und wieder auf das Backpapier setzen. Die Trüffel halten 1 Woche, lagern Sie sie dunkel und kühl, aber nicht im Kühlschrank.

FÜR DEN BESONDEREN EFFEKT DIE TRÜFFEL MIT PUDERZUCKER BESTÄUBEN ODER MIT STREIFEN DUNKLER KUVERTÜRE ÜBERZIEHEN. DAZU 30 G DUNKLE KUVERTÜRE IM WASSERBAD SCHMELZEN, EINE GABEL IN DIE TEMPERIERTE KUVERTÜRE TAUCHEN UND ÜBER DEN TRÜFFELN ABTROPFEN LASSEN.

Raw Bites

Die kleinen Energiebomben sind zuckerfrei und schnell zuzubereiten – die perfekte Verpflegung für unterwegs.

Mandel-Orangen-Bites MIT KARDAMOM

15 KUGELN

15 MINUTEN ZUBEREITUNG

1 STUNDE KÜHLEN

- ½ Orange
- 1 Vanilleschote
- 130 g Datteln, entsteint
- 120 g Mandeln
- 3 TL Leinsamen
- 80 g Kokosraspel
- 1 Msp. Kardamompulver

Die halbe Orange auspressen. Das Mark der Vanilleschote herauskratzen. Mit den restlichen Zutaten bis auf 60 g Kokosraspel mit einem Pürierstab fein pürieren. Die Masse für 1 Stunde in den Kühlschrank stellen. Dann daraus Kugeln mit etwa 3 cm Durchmesser formen und in den restlichen Kokosraspeln wälzen. Die Kugeln halten im Kühlschrank gut 1 Woche.

Limetten-Cashew-Bites MIT KOKOS

15 KUGELN

15 MINUTEN ZUBEREITUNG

1 STUNDE KÜHLEN

- 1 Limette
- 120 g Cashewkerne
- 130 g getrocknete Aprikosen (Seite 23)
- 4 TL zarte Haferflocken
- 1 Msp. Muskat, frisch gerieben

Die Limette auspressen, die Cashewkerne hacken. Alle Zutaten mit einem Pürierstab fein pürieren. Die Masse für 1 Stunde in den Kühlschrank stellen. Dann daraus Kugeln mit etwa 3 cm Durchmesser formen. Die Kugeln halten im Kühlschrank gut 1 Woche.

DIESE ENERGIEKUGELN MÜSSEN NICHT UNBEDINGT ROH SEIN. NOCH AROMATISCHER WERDEN SIE, WENN SIE DIE NÜSSE ZUVOR IM BACKOFEN CA. 10 MINUTEN BEI 170 °C UMLUFT RÖSTEN.

SELBST-
GEMACHT

Chips frisch von der Knolle

250 GRAMM

1 STUNDE ZUBEREITUNG

- 300 g Kartoffeln
- 2 Pastinaken
- 2 Karotten
- 1–2 Rote Beten
- 1 l Erdnuss- oder Rapskernöl
- Salz

Das Gemüse waschen oder schälen. Die Kartoffeln in dünne Scheiben hobeln, in kaltes Salzwasser legen (es entzieht den Scheiben Feuchtigkeit, so werden sie knuspriger), dann in ein Sieb abgießen und mit Küchenpapier sehr gut abtrocknen.

Das übrige Gemüse hobeln, mit ein wenig Salz bestreuen und 10 Minuten stehen lassen. Dann ebenfalls mit Küchenpapier abtupfen.

Das Öl erhitzen. Dafür die Fritteuse auf 170 °C einstellen oder im Wok bzw. im Topf mit einem Holzlöffel die Temperatur testen. Wenn am Löffelstiel schnell kleine Bläschen aufsteigen, ist das Fett heiß genug.

Die Gemüsescheiben darin portionsweise (jeweils 1 kleine Handvoll) in jeweils 3–4 Minuten kross frittieren. Mit einem Schaumlöffel herausheben und auf Küchenpapier abtropfen lassen. Mit Salz oder einer Würzmischung nach Wahl (siehe unten) bestreuen.

MIT ETWAS ÖL BEPINSELT KÖNNEN SIE DIE HAUCHDÜNNEN GEMÜSESCHEIBEN AUCH IM OFEN BEI 140 °C UMLUFT FÜR 40–50 MINUTEN BACKEN, STATT SIE ZU FRITTIEREN. BLEIBEN SIE DABEI UND KONTROLLIEREN SIE, WIE WEIT DIE CHIPS SIND, DENN DIE BACKZEIT HÄNGT AUCH VON DER SCHEIBENDICKE UND IHREM OFEN AB.

Würzmischungen

PAPRIKASALZ

1 TL Salz mit ½ TL edelsüßem Paprikapulver und 1 Prise Zucker mischen. Passt zu Kartoffelchips.

CURRYSALZ

1 TL mildes Currypulver mit ½ TL Salz und 1 Prise Zucker mischen. Schmeckt gut zu Kartoffel- und Petersilienwurzelchips.

THYMIAN-SESAM-SALZ

1 EL Sesamsamen in einem Pfännchen rösten. Abgekühlt mit 1 TL getrocknetem Thymian und ½ TL Salz im Blitzhacker zerkleinern. Perfekt zu Pastinaken- und Rote-Bete-Chips.

SÜSSKARTOFFELCHIPS
mit Cajungewürz

125 GRAMM

20 MINUTEN ZUBEREITUNG

2 kleine Süßkartoffeln (je 250 g)

1 l Erdnuss- oder Rapskernöl

ca. 1 EL Cajungewürz (siehe unten)

Salz

Die Süßkartoffeln schälen und in dünne Scheiben hobeln. Die Scheiben gut mit Küchenpapier trocken tupfen.

Das Öl in der Fritteuse auf 170 °C oder im Wok oder Topf erhitzen. In Wok und Topf ist es heiß genug, wenn an einem eingetauchten Holzkochlöffelstiel sofort viele kleine Bläschen aufsteigen.

Die Süßkartoffelscheiben portionsweise in jeweils 3–4 Minuten kross frittieren. Mit einem Schaumlöffel herausheben und auf Küchenpapier abtropfen lassen. Mit Salz und Cajungewürz bestreuen und möglichst sofort verzehren (innerhalb von 2–3 Stunden).

CAJUNGEWÜRZ

Je 1 TL schwarze und weiße Pfefferkörner und 2 TL Kreuzkümmelsamen in einem Pfännchen bei schwacher Hitze ohne Fett rösten und abkühlen lassen. Im Mörser fein zerstoßen. Je 1 TL getrockneten Thymian und Oregano dazugeben und mitmörsern. Je 1 TL Knoblauchpulver, Zwiebelpulver und edelsüßes Paprikapulver sowie ½ TL Cayennepfeffer untermischen. Das Gewürz hält in einem Schraubglas etwa 6 Monate. Es eignet sich außer für Süßkartoffelchips auch gut für Hähnchenkeulen oder Hühnerflügel vom Blech sowie für Eintöpfe mit Reis, Fisch oder Fleisch.

GRÜNKOHLCHIPS
mit Chili und Erdnüssen

- 250 g Grünkohlblätter
- 1 ½ EL geröstete, gesalzene Erdnüsse
- ½ TL Chiliflocken
- 2 EL Olivenöl
- Salz

100 GRAMM

15 MINUTEN ZUBEREITUNG

45 MINUTEN TROCKNEN

Den Backofen auf 130 °C vorheizen, ein Blech mit Backpapier belegen. Die Grünkohlblätter waschen, in mundgerechte Stücke zupfen und in der Salatschleuder sehr gut trocken schleudern.

Die Erdnüsse im Mörser nicht zu fein zerstoßen und mit den Chiliflocken und dem Öl in einer Schüssel mischen.

Die Grünkohlblätter darin wenden, auf dem Blech verteilen und in etwa 45 Minuten im Backofen trocknen lassen. Herausnehmen, nach Belieben salzen (die Erdnüsse bringen schon Salz mit) und abkühlen lassen. Noch am gleichen Tag verzehren.

AUF DIE GLEICHE WEISE LASSEN SICH AUCH WIRSINGBLÄTTER IM BACKOFEN IN KNUSPRIGE CHIPS VERWANDELN.

Trail-Mix

Der aufregende salzige Bruder des Studentenfutters und ein Energielieferant für anstrengende Bergwanderungen oder lange Stadtspaziergänge. Ein Hauch Salz steht erstaunlich vielen Trockenfrüchten. Probieren Sie es auch mal mit getrockneten Kirschen oder Papayas!

MIX MIT BANANE UND GETROCKNETEN TOMATEN

200 GRAMM

10 MINUTEN ZUBEREITUNG

6–8 STUNDEN TROCKNEN

- 2 Bananen
- 60 g Nussmischung (Mandeln, Cashewkerne, Para-, Hasel- und Walnüsse)
- 40 g getrocknete Cranberrys
- 30 g getrocknete Tomaten (Seite 43)
- 30 g gesalzene Erdnüsse
- Meersalz nach Belieben

Verwenden Sie für die Bananenchips Bananen, die schon leichte braune Tupfen bekommen. Die Bananen in 3 mm dicke Scheiben schneiden und wie auf Seite 22 beschrieben in 6–8 Stunden trocknen lassen. Vor dem Weiterverarbeiten abkühlen lassen.

Von den Bananenchips 40 g abwiegen, die restlichen in einem Schraubglas aufbewahren. Bananenchips mit den übrigen Zutaten in einer Schüssel gründlich vermischen. Nach Belieben mit Meersalz nachsalzen. Hält sich in einer Frischhaltedose 2 Wochen.

TROPISCHER MIX

200 GRAMM

10 MINUTEN ZUBEREITUNG

4 TAGE KANDIEREN

6–8 STUNDEN TROCKNEN

- 40 getrocknete Mangostreifen (Seite 22)
- 40 g kandierte Ananas (Seite 16)
- 40 g gesalzene Erdnüsse
- 40 g Cashewkerne
- 20 g Kokoschips
- 20 g Bananenchips (siehe oben)
- Meersalz (nach Belieben)

Die Mango und Ananas in mundgerechte Stücke schneiden und mit den übrigen Zutaten in einer Schüssel gründlich vermischen. Nach Belieben mit Meersalz nachsalzen. Hält sich in einer Frischhaltedose 2 Wochen.

50 GRAMM

15 MINUTEN ZUBEREITUNG

CHILI-ROSMARIN-MANDELN

- 3 EL Zucker
- 100 g Mandeln
- Meersalz
- 2–3 Peperoncini (kleine getrocknete Chilischoten, alternativ ½ TL Chiliflocken)
- 1 Zweig Rosmarin

Den Zucker in eine große Pfanne geben und bei schwacher Hitze zu hellem Karamell schmelzen. Vorsicht, das Karamell darf nicht zu dunkel werden, weil es sonst bitter schmeckt.

Die Mandeln und 1 kräftige Prise Meersalz dazugeben. Die Pfanne regelmäßig rütteln, damit die Nüsse langsam geröstet und mit einer feinen Karamellschicht überzogen werden.

Die Peperoncini dazubröseln. Den Rosmarin waschen, trocken schütteln, die Nadeln fein hacken und dazugeben. Die Mandeln wieder gut durchrütteln und insgesamt 5–6 Minuten rösten und karamellisieren lassen.

Die Chili-Rosmarin-Mandeln auf ein Stück Backpapier schütten, verteilen und abkühlen lassen. Die Mandeln halten 2–3 Tage, der Karamell wird aber nach und nach ein wenig weich und klebrig.

HÜBSCH VERPACKT UND GLEICH VERSCHENKT

So werden Ihre selbstgemachten Schätze ausgehfein.

SNACK TO GO

Snacks wie Chips (Seite 187–189) sind perfekt für stabile Papiertüten. Damit der Beschenkte gleich sieht, was drin ist, vorne eine Fläche aus der Tüte schneiden und von innen mit Zellophan bekleben. Die passende Gewürzmischung oder ein kleines Schraubglas mit Salz mit Dekogarn an der Tüte befestigen. Bestempeln oder mit Buchstabenaufklebern beschriften. Auch Trail-Mix (Seite 190) macht sich gut *to go*, genauso wie die Chili-Rosmarin-Mandeln (Seite 191).

GUT BEHÜTET

Ob Konfitüre oder Kimchi – alles, was im Glas daherkommt, verträgt einen bunten Hut. Aus gemustertem Stoff einen Kreis ausschneiden, der etwa 3 cm mehr Durchmesser als der Deckel hat. Mit farblich abgestimmtem Garn fixieren. Der Löffel wird mitgeliefert, ein Streifen Masking Tape hält ihn am Glas. Wenn mal kein Stoff zur Hand ist, schneiden Sie den Kreis einfach aus Papier.

IN DER KLEMME

Zellophantüten können Sie mit einem Streifen buntem Papier oder Stoff aufmöbeln, die an der Verschlusskante mit einer kleinen Klemme befestigt werden. Oder Sie bemalen eine Wäscheklammer in der passenden Farbe zum Verschließen des Beutels.

A, B, C …

Bei der Beschriftung hat alles seinen Reiz: handgeschrieben, ausgedruckt, geklebt, gestempelt, mit Buchstabenperlen gelegt oder mit Folienstift direkt aufs Glas.

EINGEWICKELT

Die Flapjacks (Seite 108/109) lassen sich in einer Banderole aus buntem Butterbrotpapier, fixiert mit Garn, besser transportieren – und sie sehen besser aus. Auch frisches Brot (Seite 119/120) wird durch eine Banderole mit wenigen Handgriffen zu etwas Besonderem.

WIE ANHÄNGLICH
Passende Etiketten & Anhänger für viele Gelegenheiten finden Sie zum Download unter **www.edeka.de/etiketten**

AUFGEFÄDELT

Apfelringe (Seite 23) bieten sich zum Auffädeln an. Bänder oder Garn durch die Mitte ziehen und die Apfelringe so portionsweise zusammenbinden. Zum Transport in eine Zellophantüte oder ein Glas schichten. Anderes stabiles Dörrgut wie Tomaten (Seite 43) können Sie einfach mit dem Messer durchstechen und ebenfalls auffädeln.

DRIN IST WAS DRAUF IST

Ein kleiner Vorrat an schönen Gläsern und Flaschen ist praktisch, wenn Sie spontan etwas verschenken wollen. Mit einem hübschen Etikett oder Anhänger beschriften und das Mitbringsel mit einer Zutat verzieren, die im Rezept vorkommt. Hier ist es ein Rosmarinzweig, der mit Dekogarn am Glas befestigt wird. Bei den Thymian-Chili-Oliven (Seite 31) bietet sich Thymian an, bei Zwiebelkonfitüre (Seite 40) ein Lorbeerblatt.

WUNDERTÜTE

Verpacken Sie Konfekt, Toffee und Co. einzeln zu kleinen Bonbons in Zellophan. Rollen Sie dann aus einem Papierquadrat eine Süßigkeitentüte, in der Sie die Bonbons überreichen können. Macht sich übrigens auch beim Fernsehabend gut: Anstatt die Chips auf den Tisch zu stellen, bekommt jeder Gast seine Chips-Portion direkt in die Hand gedrückt.

SCHICK IM GLAS

Handgeschriebene Etiketten und eine Schleife aus buntem Stoff sorgen für die persönliche Note. Bleiben Sie schwarz-weiß für einen reduzierten Look oder greifen Sie die Farben des Geschenks auch in der Schleife auf. Apropos Stoff: Gebäck wie Brot (Seite 119/120) hält sich in einem sauberen Geschirrtuch gut, verschenken Sie es doch direkt darin!

SCHON MAL PROBIERT?

Sie sind bereits Profi im Einkochen und Einlegen? Dann probieren Sie es doch mal mit Fermentieren oder Räuchern! Frische Inspiration und spannende Techniken zum Selbermachen finden Sie hier.

BEIZEN

DÖRREN ODER TROCKNEN

EINKOCHEN

EINLEGEN

FERMENTIEREN

KANDIEREN ODER KONFIEREN

MARINIEREN

MAZERIEREN

NIEDRIGTEMPERATURGAREN

PÖKELN

RÄUCHERN

SCHOKOLADE TEMPERIEREN

UND WIE LANGE HÄLT SICH DAS JETZT?

Ihr Vorratsschrank ist prall gefüllt mit selbstgemachten Köstlichkeiten – und Sie fragen sich nur noch, welche Leckerbissen Sie sofort verputzen können und welche Vorräte sich länger aufbewahren lassen? Die Antwort lesen Sie hier!

2 WOCHEN HALTBAR

3 WOCHEN HALTBAR

4 WOCHEN HALTBAR

6 WOCHEN HALTBAR

3 MONATE HALTBAR

4 MONATE HALTBAR

6 MONATE HALTBAR

12 MONATE HALTBAR

REZEPTVERZEICHNIS

IMPRESSUM

VERLAG & HERAUSGEBER
EDEKA Verlagsgesellschaft mbH
New-York-Ring 6, 22297 Hamburg
Geschäftsführung Markus Mosa, Rolf Lange
Gesamtleitung Nico Schiller
Projektmanagement Carolin Boeck
www.edeka.de

REDAKTION & GESTALTUNG
Neuer Umschau Buchverlag GmbH
Redaktion Laura Kirschbacher
Warenkunden und Rezepte
Margit Proebst, Peter Greppmayr, Claudia Seifert
Text Melanie Hölting-Eckert
Rezeptlektorat Regina Sidabras
Fotografie Maria Brinkop
Illustrationen Fotolia, Shutterstock
Foodstyling
Guido Gravelius, Claudia Seifert, Beate Gauder
Gestaltung Tina Defaux
Lithographie Peter Blaschke, Julia Kirch

Druck und Verarbeitung
Mohn Media Mohndruck GmbH
Carl-Bertelsmann-Str. 161 M
33311 Gütersloh

ISBN 978-3-9818005-1-7
1. Auflage 2016

KEFIR